1951—2021

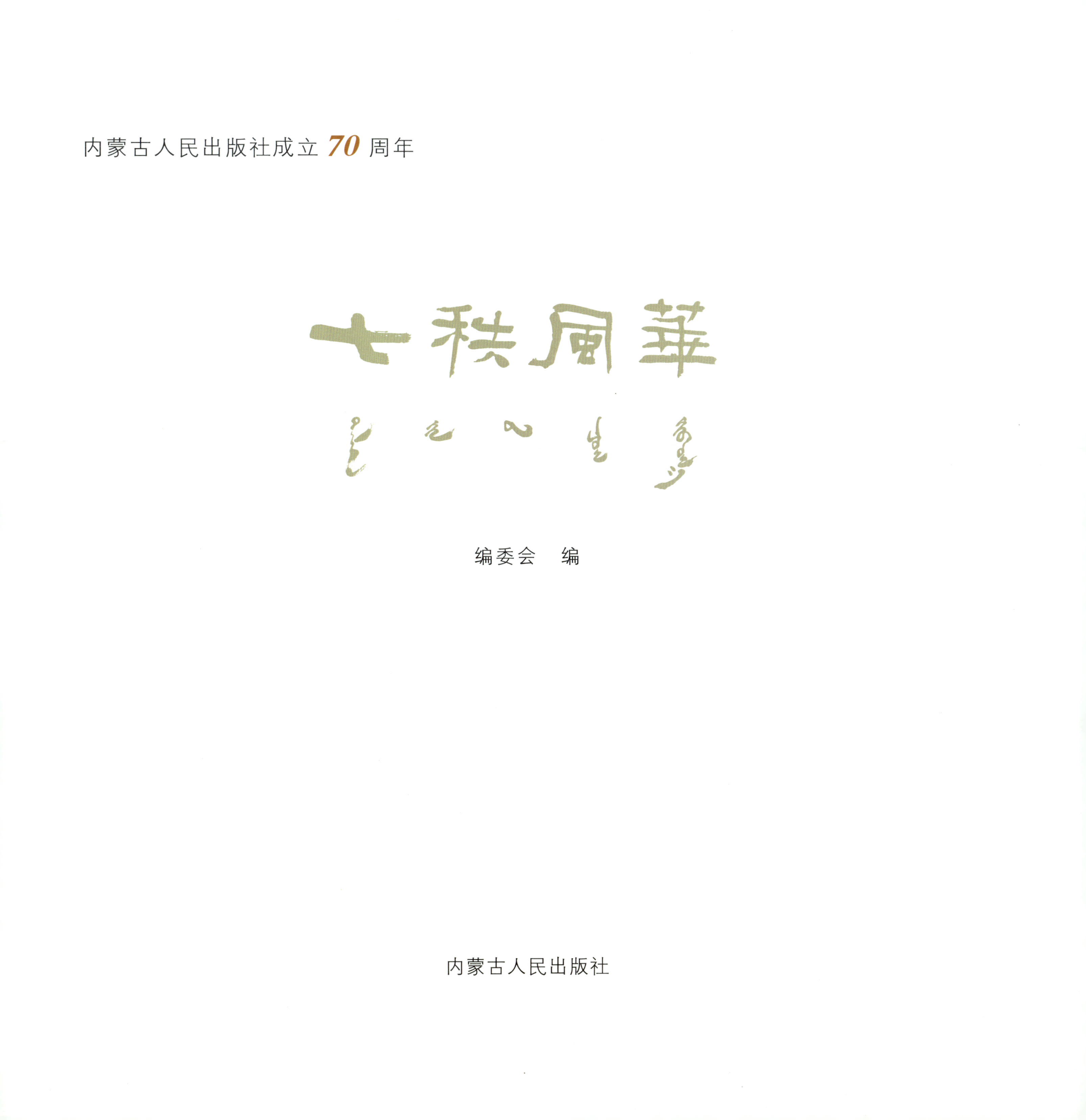

内蒙古人民出版社成立 70 周年

七秩風華

编委会　编

内蒙古人民出版社

序言

古以十年为一秩，内蒙古人民出版社自1951年创建以来已走过七秩岁月。勇闯七秩风雨路，续写芳华再出发。作为我国较早成立的民族地区出版社和内蒙古自治区最早成立的出版单位，内蒙古人民出版社始终坚持党的出版方针政策，以守正促创新，一路攻坚克难，开拓奋进，如今已成为一家具有一定规模和较强策划、编辑、翻译、出版、发行阵容，使用蒙汉两种文字出版各类图书的综合性出版社。

七十年来，内蒙古人民出版社精耕主业，与时俱进，勇担文化使命。在牢牢把握正确出版导向的前提下，努力策划精品图书，树立特色品牌，至今已出版蒙汉文各类出版物28800余种，形成了以主题出版为重点，以政治理论读物、民族历史文化通俗读物、文学艺术读物、生活旅游读物、哲学社会科学读物、助学教育读物六大版块为依托的出版定位。用优质的图书内容赢得读者，为社会、为国家创造更多的文化价值，是内蒙古人民出版社的永恒追求。

七十年来，内蒙古人民出版社扎实履职尽责，强化社会担当，始终把文化惠民作为出版工作的重点。通过主动参与“全民阅读”活动、认真做好扶贫对口帮扶、开展“我为群众办实事”实践活动等，一方面丰富了广大群众的精神文化生活，另一方面助推了文化帮扶工作深入开展。特别是面对疫情防控，内蒙古人民出版社及时推出防控图书和电子读物及疫情防控动画宣传片，并将出版的防疫出版物向社会赠阅，很好地发挥了出版的服务功能，履行了社会责任。

七十年来，内蒙古人民出版社努力拓宽渠道，积极推动传统出版和新兴媒体深度融合，同时加强国际交流，寻求多元发展。在“两微一端”及中小学图书馆馆配业务方面，加强和拓展图书出版、宣传与销售路径，实现出版效益最大化；在短版印刷及文创产品开发等方面，稳步推进精细化运营；在数字出版转型发展中，启动实施了“蒙古文工具书数据库在线服务工程”和“现代纸书”项目，为图书出版发展优化赋能；在引进和输出版权方面，与俄罗斯、蒙古国、日本、德国、匈牙利、捷克、波兰、韩国、美国等国家达成合作意向，特别是实施“书香之路”行动计划，与蒙古国多家高校和机构共建“中国图书阅览室”，实现了合作互利和共赢发展的目标。

七十年来，内蒙古人民出版社多措并举，不断优化队伍结构。在文化产业深化改革的大背景下，完善体制机制、加强人才队伍建设显得至关重要。自 2012 年起，随着人才引进和培养计划的逐步落实，在现有人员结构中，硕士及以上学历职工占比近 26%，本科及以上学历职工占比超过 76%，40 岁以下年轻职工占比超过 37%，一支结构合理、充满活力的人才队伍已初步形成。同时，人才晋升通道和选聘平台的搭建，也为人才健康、快速成长提供了良好环境和机遇。

2021 年，是非凡的一年。这一年，我们迎来了党的百年华诞，在党的波澜壮阔的发展历程中，内蒙古各族儿女用实际行动为民族团结凝聚起铸牢中华民族共同体的磅礴伟力；这一年，内蒙古人民出版社满载七十年的收获，接续奋斗。在内蒙古自治区党委、政府的领导下，在内蒙古出版集团的直接带领下，内蒙古人民出版社传承红色基因，坚守主流思想舆论阵地，围绕六大板块出版定位，努力讲好中国故事、讲好内蒙古故事，与新时代同频共振。

习近平总书记说：“心有所信，方能行远。”深情回望这七十年，内蒙古人民出版社心怀忠诚信仰，坚守出版信念，锤炼实干作风，彰显担当力量。书香为伴能致远，初心如磐向未来。地标记忆、领导关怀、成长足迹、奋斗时光、美好相聚、延续梦想……这些难忘的画面全部定格在这本画册中，探寻其中的时光印记，可以感知内蒙古人民出版社的发展轨迹和卓越成绩，可以不忘本来、鉴往知来。在过去的峥嵘岁月中曾经携手奋斗的时光，一定会激励同仁在继往开来的新征途再谱华章！

ᠣᠷᠣᠰᠢᠯ

ᠥᠪᠦᠷ ᠮᠣᠩᠭᠣᠯ ᠤᠨ ᠠᠷᠠᠳ ᠤᠨ ᠬᠡᠪᠯᠡᠯ ᠦᠨ ᠬᠣᠷᠢᠶ᠎ᠠ 1951 ᠣᠨ ᠳᠤ ᠪᠠᠢᠭᠤᠯᠤᠭᠳᠠᠭᠰᠠᠨ [illegible] ᠪᠠᠢᠨ᠎ᠠ ᠃

[illegible] ᠥᠪᠦᠷ ᠮᠣᠩᠭᠣᠯ ᠤᠨ ᠠᠷᠠᠳ ᠤᠨ ᠬᠡᠪᠯᠡᠯ ᠦᠨ ᠬᠣᠷᠢᠶ᠎ᠠ [illegible] 28800 [illegible] ᠪᠠᠢᠨ᠎ᠠ ᠃

[illegible] ᠥᠪᠦᠷ ᠮᠣᠩᠭᠣᠯ ᠤᠨ ᠠᠷᠠᠳ ᠤᠨ ᠬᠡᠪᠯᠡᠯ ᠦᠨ ᠬᠣᠷᠢᠶ᠎ᠠ [illegible] ᠪᠠᠢᠨ᠎ᠠ ᠃

[illegible] ᠥᠪᠦᠷ ᠮᠣᠩᠭᠣᠯ ᠤᠨ ᠠᠷᠠᠳ ᠤᠨ ᠬᠡᠪᠯᠡᠯ ᠦᠨ ᠬᠣᠷᠢᠶ᠎ᠠ [illegible] ᠃

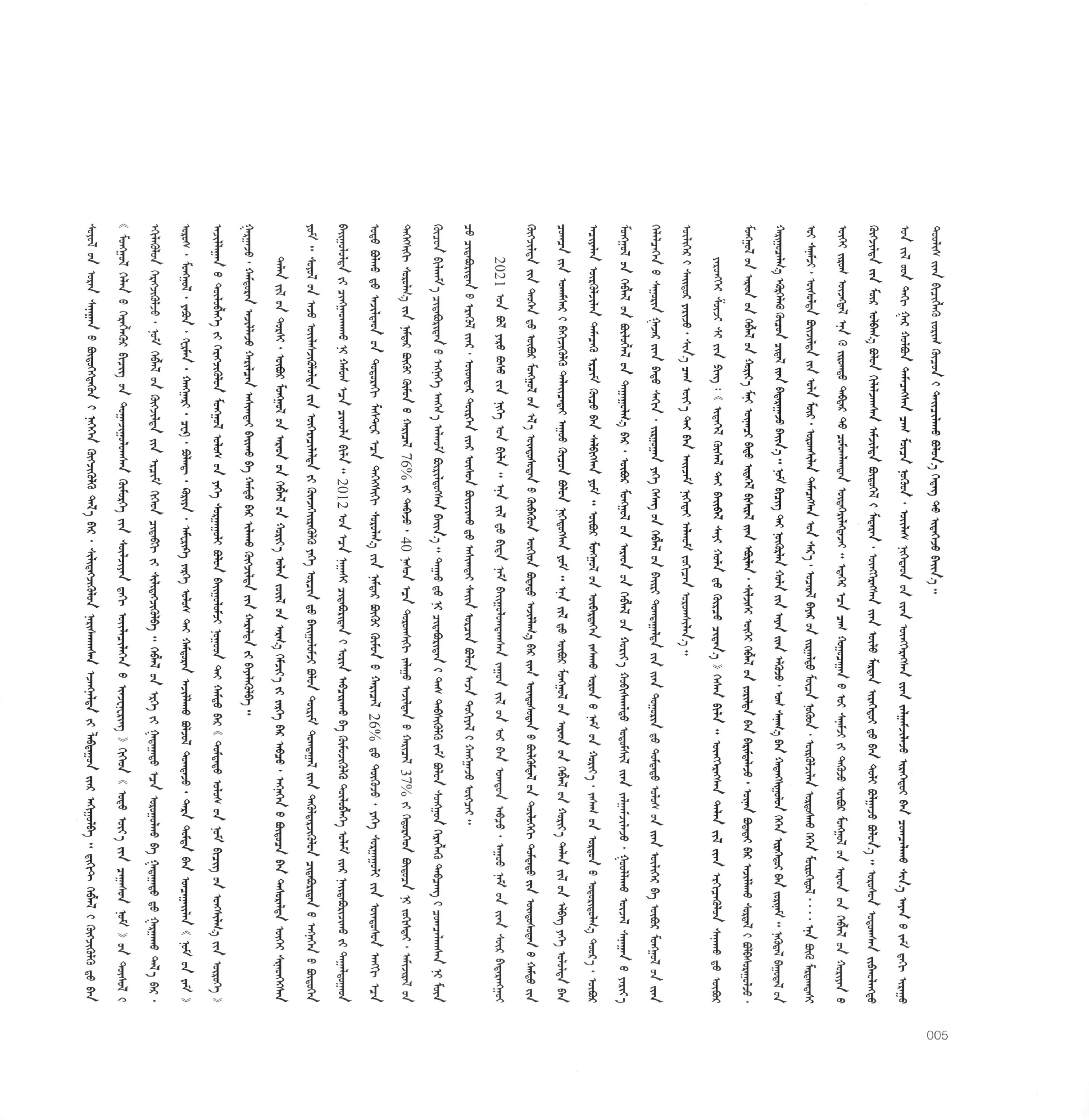

THE PREFACE

Founded in 1951, the Inner Mongolia People's Publishing House has gone through many twists and turns over the past seven decades, aspiring to move forward. As the earliest established comprehensive publishing house in ethnic areas and the earliest established publishing unit in the Inner Mongolia Autonomous Region, the Inner Mongolia People's Publishing House always adheres to the correct leadership of the Party, sticks to the specification to promote innovation and overcomes difficulties to pioneer endeavor. Now it has become a comprehensive publishing house with a certain scale and strong lineup of planning, editing, translating, publishing and distributing which publishes all kinds of books in both Chinese and Mongolian languages.

Over the past 70 years, the Inner Mongolia People's Publishing House has been striving for its main business, advancing with the times and bravely undertaking its cultural mission. With a firm grasp of the correct publishing orientation, it has made great efforts in planning high–quality books and establishing distinctive book brands. So far, it has published more than 28,800 kinds of Chinese and Mongolian publications; it has formed a publishing position focusing on six sections: political theory readings, popular readings on ethnic history and culture, literature and art readings, life and tourism readings, philosophy and social science readings, and educational readings. It is the eternal pursuit of Inner Mongolia People's Publishing House to pulsate readers' hearts with high–quality content and create more value for the society and the country.

Over the past 70 years, the Inner Mongolia People's Publishing House has fulfilled its duties, strengthened its social responsibility, and always regarded the benefit of culture to the people's life as the focus of its publishing work. Through taking the initiative to participate in the "National Reading" activity, carrying out the "I do practical things for the people" practice activities, earnestly doing a good job of poverty alleviation work etc, it has enriched the spiritual and cultural life of the masses, and on the other hand, it has helped the in–depth development of cultural poverty alleviation work. Especially in the face of the COVID–19 pandemic, the publishing house donated epidemic prevention publications to the society and timely released e–books and animated publicity videos on epidemic prevention and control, fulfilling its publishing service function and its social responsibility.

Over the past 70 years, the Inner Mongolia People's Publishing House has expanded channels, actively promoted the deep integration of traditional publishing and new media, meanwhile, strengthened international exchange activities, and sought diversified development. In the primary and secondary school library distribution business, it has steadily promoted the fine operation of publishing work. In the transformation and development of digital publishing, "Mongolian tool database online service" project and "Modern paper book" project have been launched, enabling the optimization of book publishing development. In terms of the import and export of copyright, it has reached cooperation intention with Russia, Mongolia, Japan, Germany, Hungary, the Czech Republic, Poland, Korea, the United States and other countries and regions, especially in undertaking the "Road of Books" action, the "Chinese Book Reading Room" was jointly built with many universities and institutions of Mongolia to achieve the goal of mutually beneficial cooperation and win–win development.

Over the past 70 years, the Inner Mongolia People´s Publishing House has taken multiple measures to optimize its team structure. Under the background of deepening reform in the cultural industry, it is of great importance to improve the mechanism system and strengthen talents team construction. Since 2012, with the gradual implementation of talent introduction and training plans, personnel with a master´s degree or above account for nearly 26%, those with a bachelor´s degree or above exceed 76%, and more than 37% are under the age of 40 in the existing personnel structure, a team of talented people with reasonable structure and full of vitality has initially taken shape. Meanwhile, the establishment of talent promotion channels and hiring platforms also provides the institutional guarantee for talents' happy and healthy growth.

2021 is an extraordinary year. This year marks the centennial anniversary of the Communist Party of China (CPC). In the course of the CPC´s magnificent journey, the sons and daughters of all ethnic groups in Inner Mongolia have taken concrete actions to build a mighty force for ethnic unity and solidify the Chinese nation community. This year, the Inner Mongolia People´s Publishing House is fully loaded with the harvest of the 70th anniversary and struggles continually. Under the leadership of the Party Committee and government of the Autonomous Region and the direct leadership of the Inner Mongolia Publishing Group, the Inner Mongolia People´s Publishing House inherits the red gene and sticks to the ideological mainstream and public opinion position, focusing on the six sections, we will tell the story of China and Inner Mongolia well, in a way that resonates with the new era.

Xi Jinping, general secretary of the CPC Central Committee said, " Only with confidence can one go far."Looking back on the past 70 years with deep feeling, the Inner Mongolia People´s Publishing House has cherished loyalty and faith, adhered to the publishing belief, tempered the pragmatic style and demonstrated the strength of responsibility. With the fragrance of books and unwavering resolve, we can go further. Landmark memory, leadership support, growth footprint, times of struggle, beautiful reunion, continuing dreams... these unforgettable scenes are all fixed in this picture album through which we can perceive the development track and outstanding achievements of the Inner Mongolia People´s Publishing House. We can learn from the past to commemorate the time we have worked together on the journey of the new era, and to make new achievements at the new starting point of carrying forward the past and opening up the future. The eventful years we have worked together will certainly inspire the colleagues to open a new journey on the spetrum of glory.

七秩風華

目录 CONTENTS

壹 不负厚望 笃行致远

亲切关怀 / 002
殷殷期冀 / 008
成长见证 / 009

贰 同心合力 携手共进

办公场所 / 020
历任领导 / 023
员工风采 / 028
集体留念 / 040

叁 铭记初心 助力公益

党建活动 / 050
关怀慰问 / 064
对口帮扶 / 066
公益活动 / 068

肆 精益求精 铸造品质

重点图书 / 076
新书推介 / 103
参加展会 / 108
全民阅读 / 111
举办书展 / 113

伍 与时俱进 合作共赢

数字出版 / 118
线上荐书 / 126
多元发展 / 130
版权交易 / 145
交流合作 / 150

陆 集思广益 强化管理

招聘竞聘 / 160
学习考察 / 161
高效管理 / 164

柒 意气风发 活力无限

文艺活动 / 168
体育活动 / 179

捌 追求卓越 争创一流

集体荣誉 / 186
获奖图书 / 189

七秩谱风华，一曲奋进歌。七十载弦歌不辍，七十载荣光辉映。内蒙古人民出版社向党而生，为民而立；围绕中心，服务大局；开拓进取，勇于担当。殷切嘱托牢记在心，砥砺前行不辱使命。

壹

不负厚望 笃行致远

1986年7月28日，时任新闻出版署副署长刘杲（前排左五）一行来社指导工作时与社领导和部分环节干部合影

1989年11月17日，时任内蒙古自治区党委常务书记王铎（左一）、内蒙古自治区党委副书记千奋勇（左二）来社指导工作

1990年8月7日，时任新闻出版署署长宋木文（左二）来社指导工作并看望编辑人员

时任新闻出版总署副署长孙寿山（左二）来社指导工作

时任内蒙古自治区党委副书记陈光林（右三）来社指导工作

时任内蒙古自治区党委副书记任亚平（左二）来社指导工作

时任内蒙古自治区党委常委、宣传部部长乌兰（左二）了解内蒙古人民出版社向自治区成立 60 周年献礼图书出版情况

时任内蒙古自治区新闻出版局党组书记、局长杨红岩（左三）来社指导工作

2011年12月9日，时任内蒙古出版集团党委书记、董事长双龙（左三）来社指导工作

2015 年 1 月 27 日，内蒙古出版集团领导来社指导工作

2020 年 12 月 20 日，时任内蒙古自治区党委宣传部副部长乌恩奇（左三）来社指导工作

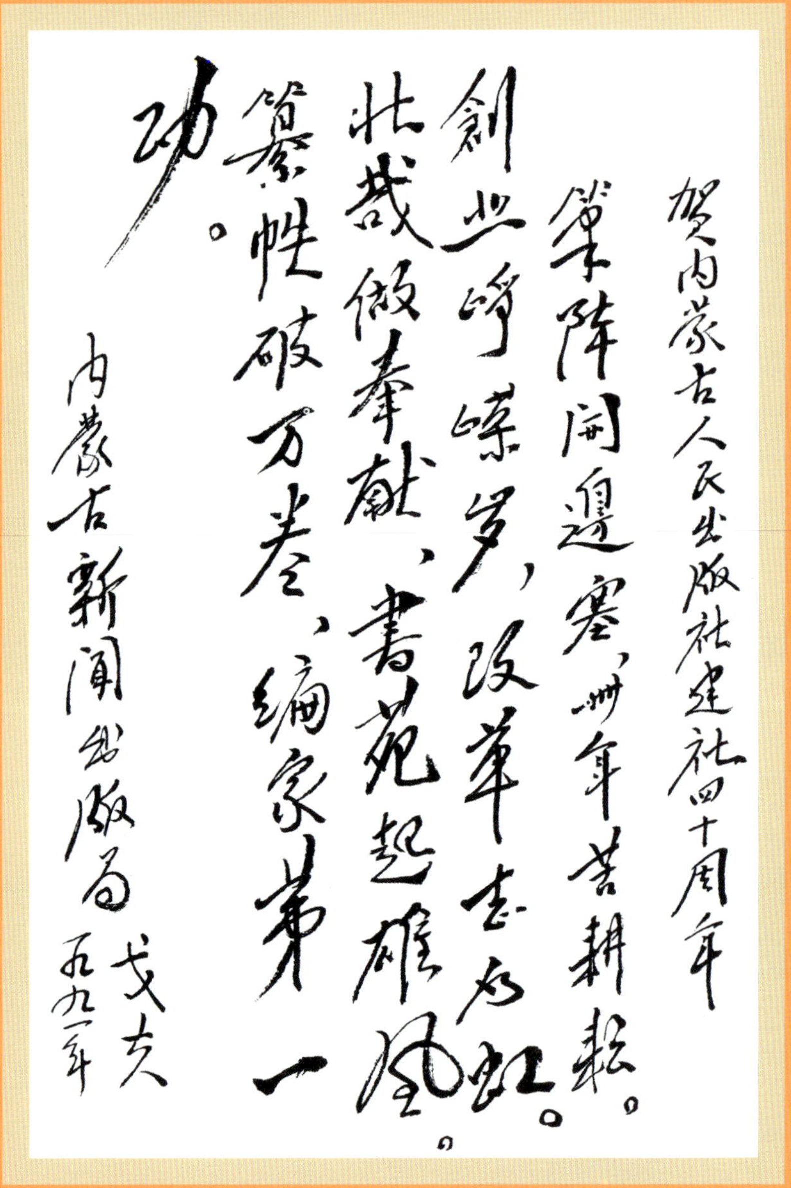

1991 年，时任内蒙古自治区新闻出版局党组书记、局长戈夫题词

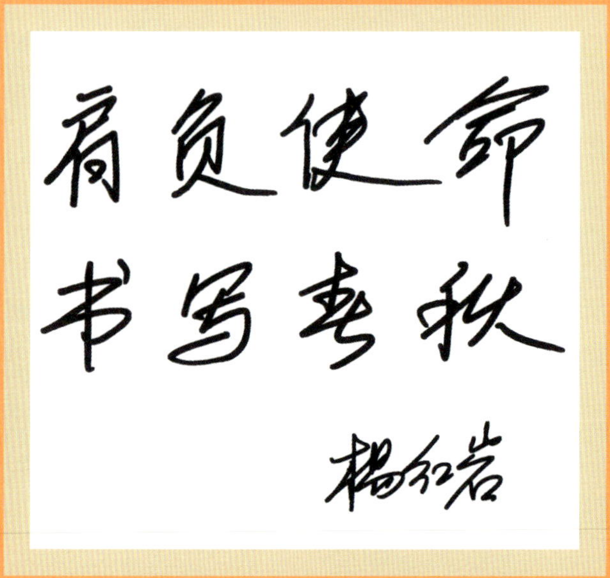

2011 年，时任内蒙古自治区新闻出版局党组书记、局长杨红岩题词

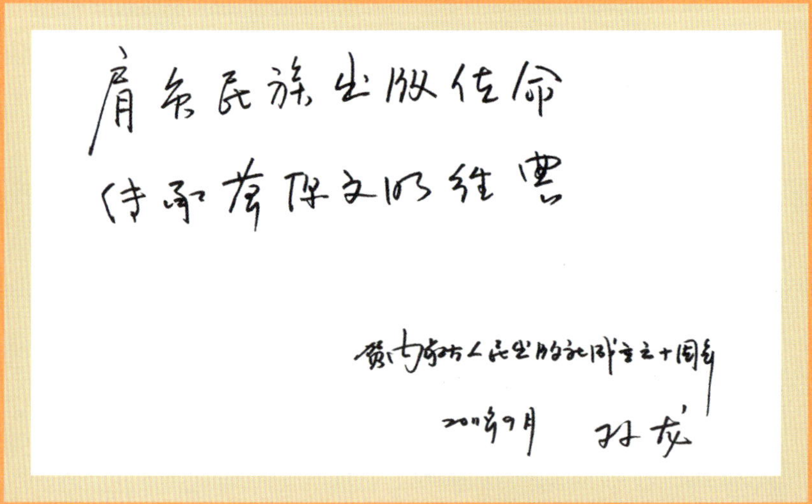

2011 年，时任内蒙古出版集团党委书记、董事长双龙题词

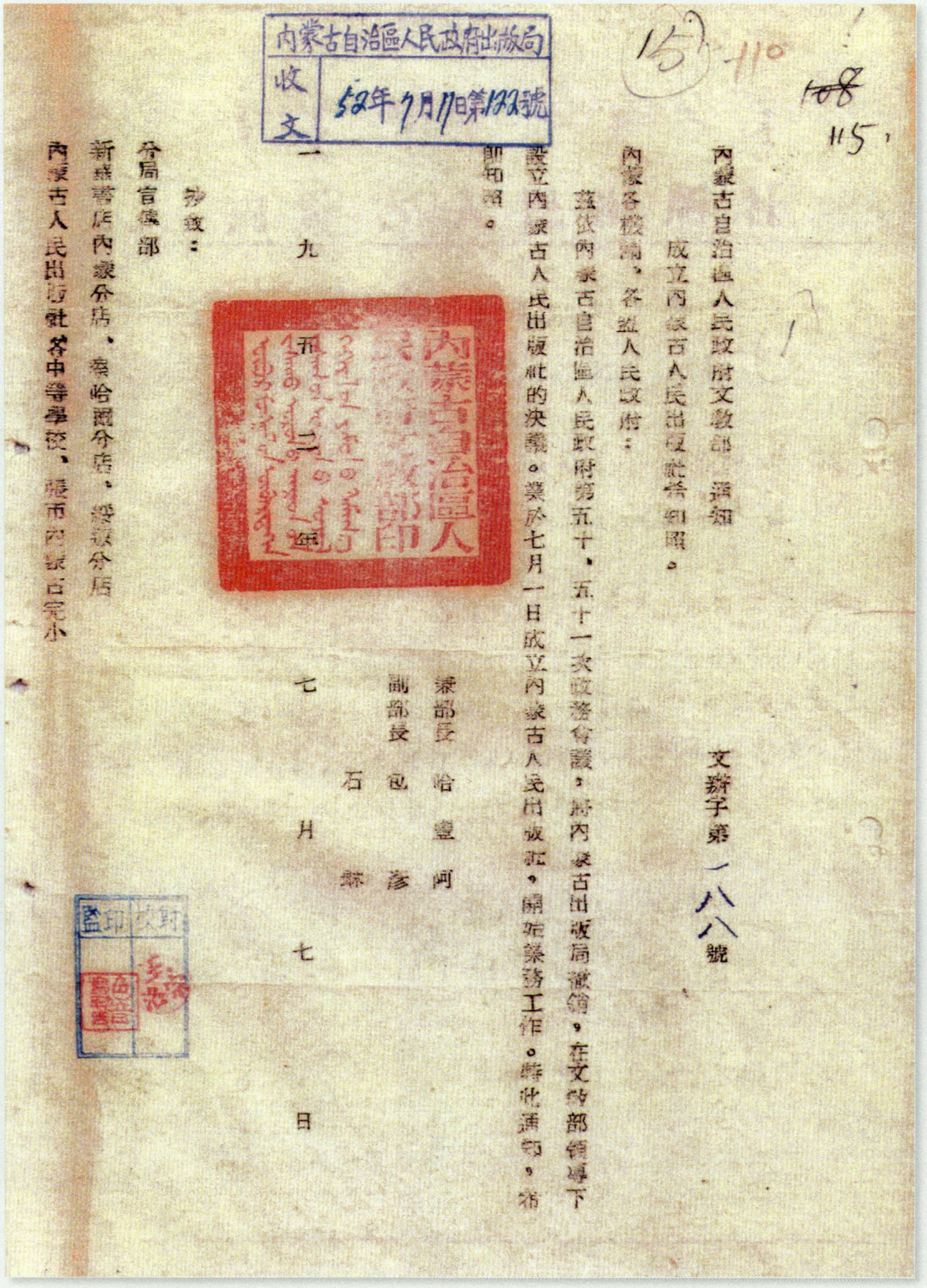

內蒙古自治區人民政府出版局
收文 52年7月11日第122號

內蒙古自治區人民政府文教部 通知　　文辦字第一八八號

成立內蒙古人民出版社希知照。

內蒙各機關，各盟人民政府：

茲依內蒙古自治區人民政府第五十、五十一次政務會議，將內蒙古出版局撤銷，在文教部領導下設立內蒙古人民出版社的決議。業於七月一日成立內蒙古人民出版社，開始業務工作。特此通知，希即知照。

兼部長 哈豐阿
副部長 包彥
石琳

一九五二年七月七日

內蒙古自治區人民政府文教部印

抄致：
分局宣傳部
新華書店內蒙分店、察哈爾分店、綏遠分店
內蒙古人民出版社、各中等學校、張市內蒙古完小

封發 印監

1952 年，内蒙古自治区人民政府文教部设立内蒙古人民出版社的通知

1981年6月11日，举行庆祝内蒙古人民出版社成立30周年大会

大会现场

时任内蒙古自治区党委常务书记王铎来社观看书展

时任内蒙古自治区人民政府副主席周北峰在大会上讲话

内蒙古人民出版社成立 30 周年

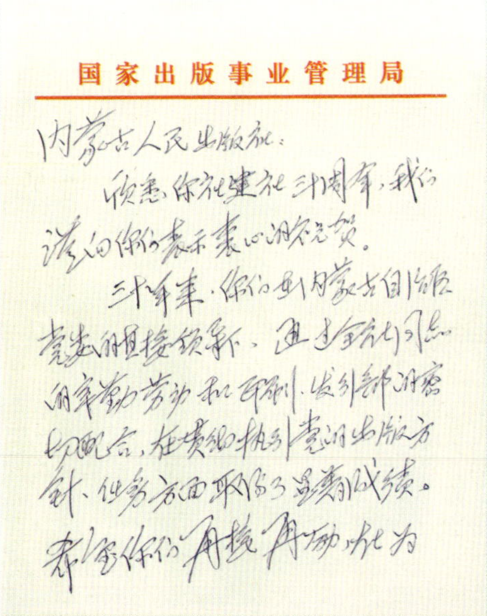
国家出版事业管理局

内蒙古人民出版社：

欣悉你社建社三十周年，我们谨向你们表示衷心的祝贺。

三十年来，你们在内蒙古自治区党委的领导下，通过全社同志的辛勤劳动和努力，与各部门密切配合，在贯彻执行党的出版方针、任务方面取得了显著成绩。希望你们再接再励，为

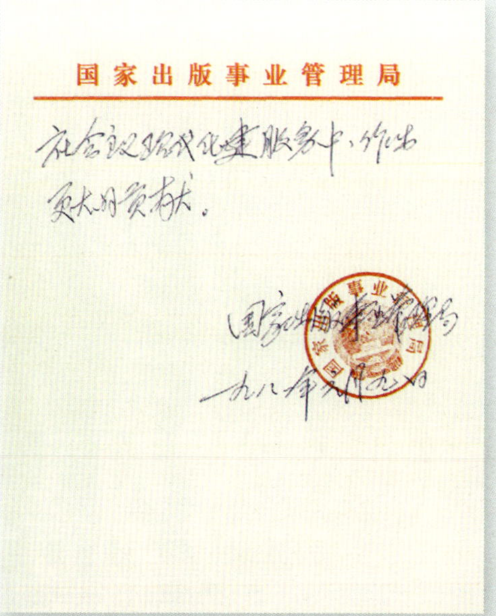
国家出版事业管理局

在全区的四化建设服务中，作出更大的贡献。

国家出版事业管理局
一九八一年六月九日

1981 年 6 月 9 日，国家出版事业管理局发来贺信

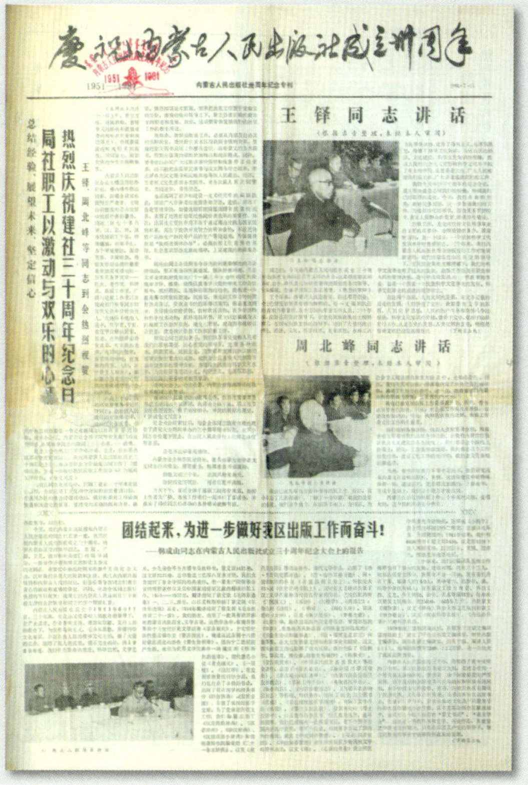
庆祝内蒙古人民出版社成立三十周年

1951　1981

热烈庆祝建社三十周年纪念日
局社职工以激动与欢乐的心情

王铎同志讲话

周北峰同志讲话

团结起来，为进一步做好我区出版工作而奋斗！

1951　1981

1981 年 7 月 15 日，《内蒙古日报》为庆祝内蒙古人民出版社成立 30 周年出版的纪念专刊

2001年8月，举行庆祝内蒙古人民出版社成立50周年大会

大会现场

内蒙古人民出版社成立 50 周年

时任新闻出版总署副署长杨牧之（左五）参观内蒙古人民出版社书展并题词

参会领导和嘉宾合影
（左起：周清华、王东生、张秀平、布仁巴雅尔、杨牧之、石玉平、吴团英、图门乌力吉、王占英、孔德龙）

2011年10月31日，举行庆祝内蒙古人民出版社成立60周年大会

大会现场

离退休职工代表发言

在职职工代表发言

内蒙古人民出版社成立 60 周年

召开离退休职工座谈会

社领导与获得特殊贡献和突出贡献荣誉称号的职工合影

2021年12月24日，举行庆祝内蒙古人民出版社成立70周年座谈会

2021年12月24日，内蒙古人民出版社举办成立70周年座谈会。参加座谈会的有内蒙古出版集团、内蒙古教育出版社、内蒙古画报社、远方出版社、内蒙古新华报业中心、内蒙古爱信达教育印务有限责任公司领导，作者和合作方代表，以及内蒙古人民出版社领导班子成员、环节干部、部分职工代表和离退休老同志代表。

座谈会现场

观看内蒙古人民出版社成立70周年纪录片

内蒙古人民出版社成立 70 周年

时任内蒙古出版集团党委书记、董事长双龙致辞

时任内蒙古人民出版社党委书记、社长吉日木图讲话

参会领导和嘉宾合影
（前排左起：苏那嘎、白音宝力高、色林花、王石庄、吉日木图、双龙、李可达、仁钦道尔吉、杨显文、白玉峰）
（后排左起：武连生、林国东、田宏利、照日格图、色旺吉格吉德、陈利保、王月林、苏华、贵荣、牧仁、哈丽亚、张桂梅）

七秩風華

七秩繁华锦，点滴轮转情。纸畔毫端度日月，案牍深耕迎春秋。岁月悠悠，书香塞外，插上时光的翅膀，漫溯内蒙古人民出版社历史长廊光彩溢目；青蓝相继，薪火相传，追忆逝去的年华，重温新光旧影熠熠生辉。

贰

同心合力 携手共进

20 世纪 50 年代至 70 年代的办公场所

1974 年至 2004 年的办公场所

2004 年至 2014 年的办公场所
（祥泰大厦 4 层至 7 层）

2014 年至今的办公场所
（波士名人国际 B 座 5 层及 6 层部分区域）

2018 年 7 月 6 日，内蒙古人民出版社举办仓储库房改造竣工剪彩仪式，参加仪式的有内蒙古新华发行集团及其部分盟市店相关领导。 通过仓储库房改建，内蒙古人民出版社的仓储物流管理和运转更加科学、规范、专业、高效。

剪彩仪式

全自动打包机

改造后的仓储库房

额尔敦陶格陶
（社长，
1952.6—1956.11）

张国林
（副社长，
1955.10—1958）

索特诺穆卓玛绰
（副总编辑，
1956—1960；
社长，
1962.5—1966；
副局长，
1978.11—1983.7）

特布信
（社长，
1957.1—1958.7）

道尔吉宁布
（副总编辑，
1957.7—1959.11；
总编辑，
1962.8—1966.6）

席宣政
（社长，
1958.11—1960.7）

王德朝
（副社长，
1958.10—1960；
社长，
1960—1961）

王英
（副总编辑，
1958.5—1971）

师海云
（党组书记，
1960—1962）

包维新
（副社长，
1960.6—1964.6）

郭纯德
（社长，
1961.1—1962.5）

诺尔布苏荣
（副总编辑，
1961.5—1966.6；
1973.7—1975.7；
副社长，
1973.7—1975.7）

蒙和
（副社长，
1963.6—1966.9；
1972.7—1975.8；
副局长，
1979.5—1983.6）

肖锋
（副总编辑，
？　—1970）

戎仲文
（社长，
1971—1973.5）

于达人
（总编辑，
1971—1972）

罗天柱
（总编辑，
1972—1977.12；
社长，
1973.5—1977.12；
副局长，
1978.1—1980.9）

漠南
（副社长，
1973.11—1978.4；
副总编辑，
1975.12—1978.4）

谢民
（副社长，
1975.12—1976.8）

苏尔塔拉图
（副总编辑，
1975.12—1984.2；
社长、党总支
书记，
1984.2—1988.1）

李子敬
（局长，
1977.11—1978.10）

庄坤
（副局长，
1977.11—1978.10；
局长，
1978.10—1983）

张秀成
（副局长，
1977.11—1980.7）

哈斯
（副局长，
1978.10—1979.8）

徐炳春
（副总编辑，
？ —1980）

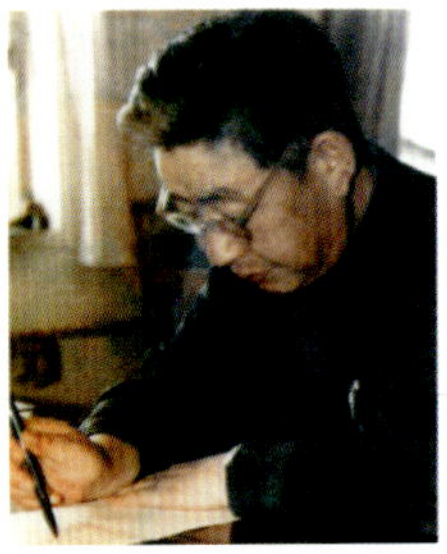

韩成山
（副局长，
1980.1—1981.3）

刘敏
（副总编辑，
1980.1—1984.11）

璞仁来
（副总编辑，
1980.1—1984.2）

德钦
（副总编辑，
1980.3—1984.7）

娜仁高娃
（副总编辑，
1980.5—1982.2）

巴图
（副局长，
1981.6—1983.9）

云志厚
（副局长，
1981.6—1983.6）

哈旺加卜
（顾问，
1981.7—1983）

哈斯巴根
（副总编辑，
1981—1982.12）

鹏飞
（副总编辑，
1981.3—1984.2）

铁柱
（副总编辑，
1981.3—1989.2）

王殿润
（副总编辑，
1981.12—1984.4）

白植品
（副总编辑，
1982.3—1984.3）

周仲德
（副社长，
1984.2—1988.6；
党总支副书记，
1984.12—1988.6）

张国栋
（副社长，
1984.2—1989.2；
党总支副书记，
1984.12—1989.2）

黄三修
（副总编辑，
1984.2—1989.2）

占布拉
（副总编辑，
1984.2—1989.2）

李可达
（副总编辑，
1984.2—1990.8）

刘志刚
（副总编辑，
1984.2—1989.2；
1990.8—1996.5）

巴图仓
（副社长，
1987.11—1988.11；
党总支副书记，
1988.5—1990.4；
总编辑，
1988.12—1995.11；
党委副书记，
1990.5—1995.11）

石玉祥
（副总编辑，
1987.11—1988.11；
党总支副书记，
1988.5—1990.4；
社长，
1988.12—1994.4；
党委副书记，
1990.5—1994.4）

托娅
（副总编辑，
1989.2—1990.8；
副社长，
1990.8—1996.5；
党委副书记，
1996.5—2001.5）

依克苏苏
（副社长，
1989.2—1991.5）

火华
（党委书记，
1990.4—1995.11）

李庆通
（副总编辑，
1992.3—1996.5）

敖特根
（副总编辑，
1992.3—1996.5）

刘杰
（社长、党委书记，
1995.11—2000.2）

布仁巴雅尔
（总编辑、
党委副书记，
1995.11—2004.4）

图门乌力吉
（副社长，
1996.10—2001.10）

张涛
（副社长，
1996.10—1998.9）

王占英
（副社长，
1998.9—2001.12）

王东生
（党委副书记，
2000.11—2004.4；
社长，
2000.11—2010.12；
党委书记，
2004.4—2010.12）

陈平
（副社长、副总
编辑，
2001.12—2010.12）

段秋艳
（副社长、副总
编辑，
2001.12—2011.7）

官布扎布
（副社长、副总
编辑，
2001.12—2010.8）

郭刚
（总编辑，
2011.7—2020.11）

注：以上“历任领导”中“局长”“副局长”“顾问”系局社合一时期领导。

2021年底内蒙古人民出版社领导班子合影
（左起：党委委员、副总编辑贵荣，党委书记、社长吉日木图，党委委员、副社长陈利保，党委委员、副总编辑武连生）

办公室（党办）
（前排左起：翟子毅、王富强、呼和、吴日珊；后排左起：代英、班伟、那仁陶格苏、罗婧、罗芳林、邬春霞、李慧文）

组织人事部（左起：学明、石文慧、张卓、陈晨）

计划财务部（左起：孙鹏、杨金彪、张海英、宝日格勒、莘瑞印、康萌）

总编室（左起：李振航、苏朝红、包斯日古楞、特日格勒、徐飞）

蒙古学出版中心（左起：宝劳日玛、斯琴必力格、那日苏、李海英、张伶俐）

专业读物出版中心（左起：包吉如和、阿如汗、乌云罕、包特日格乐、和平）

大众蒙古文读物出版中心（左起：青格乐吐、澈力木格、艳艳、包龙山、额尔木图、呼格吉乐图）

辞书出版中心（左起：王淑琴、鲁生、哈斯图亚、巴亚尔图）

国际合作出版中心（左起：乌日古木拉、娜日苏、秀霞、阿吉日木图）

《潮洛濛》杂志编辑部（左起：特日格勒、哈斯毕力格、哈丽亚、阿拉腾楚鲁）

政治理论读物出版中心、民族历史文化读物出版中心
（左起：李鑫、蔺小英、石煜、王静、孙红梅、王曼、段瑞昕、董丽娟）

大众汉文读物出版中心（前排左起：高彬、张桂梅、郝乐；后排左起：卢炀、晓峰）

教育读物出版中心（左起：孙超、贾睿茹、白阳、陈宇琪）

《话说内蒙古》项目部（左起：贾大明、南丁、王瑶）

校对中心（左起：冯英辉、李向东、李月琪、郭婧赟、杜慧婧）

策划审读中心（左起：刘智聪、侯海燕、王世喜、董立群）

版本资料管理中心（左起：王肖玲、宝勒道、义德日夫）

信息与数字出版管理中心（左起：斯冷敖日布、朱莽烈、包敖民）

印务管理中心（前排：包铁柱；后排左起：李倩茹、梁杰、王丽燕）

离退休人员服务中心（左起：南丁、岱沁）

图书营销部
（前排左起：白雪、杨柳、白玲、石金莲、沃玉祥、苏日古嘎、韩鑫）
（后排左起：史旭东、田丰、佟付林、谭德生、图泊、周艳强、薛兆原、闫海云、白敖日格乐、威利斯、高牧仁）

1984年“三八”妇女节，社领导、部分环节干部与全社女职工合影

1991 年，内蒙古人民出版社成立 40 周年全体职工合影

庆祝内蒙古人民出版社建

土50周年2001.8呼和浩特

庆祝内蒙古人民出版社成立60

周年全体职工合影留念（1951-2011）
2011.10.31・呼和浩特

内 蒙 古 人 民 出 版 社 成 立 70 周

年全体职工合影留念(1951-2021) 2021.11.22 呼和浩特

七秩谱春秋，风华正当时。传承红色基因，凝聚奋进力量。内蒙古人民出版社用行动和奉献践行初心使命，用爱心和善举诠释责任担当。主题教育有声有色，党建工作深入细致，对口帮扶尽心竭力，扶贫扶志成绩斐然。

叁

铭记初心 助力公益

2001 年 6 月 22 日，开展庆祝建党 80 周年党团员活动，部分党团员合影

2011 年“七一”前夕，各党支部代表重温入党誓词

2013 年 12 月 12 日，召开社领导班子专题民主生活会

2014 年 2 月 11 日，召开党的群众路线教育实践活动总结大会

2016 年 6 月 30 日，党委书记讲授专题党课《围绕中心，服务大局，把文化使命和职责放在心上、担在肩上，体现在一本本好书上》

2016 年 11 月 11 日，组织党员和入党积极分子赴大青山抗日游击根据地展馆参观学习

2017年6月30日，在庆祝中国共产党成立96周年之际，全社党员干部参加内蒙古出版集团党委组织的“北疆出版大讲堂”之庆“七一”专题党课

2017年8月17日，内蒙古出版集团领导、集团成员单位领导来社观摩专题党课，了解党建活动开展情况

2017 年 10 月 20 日，组织党员和干部职工赴内蒙古自治区展览馆参观内蒙古自治区成立 70 周年展览

2019 年 5 月 7 日，组织党委理论学习中心组扩大学习专家辅导，邀请内蒙古北宸智库研究中心蔡常青作《解读习近平关于扶贫工作的重要论述和中央脱贫攻坚的决策部署》专题讲座

2019年5月，内蒙古人民出版社第六（老干部）党支部组织老同志录制庆祝新中国成立70周年快闪视频后合影

2019年11月6日，组织党员和干部职工赴内蒙古自治区预防职务犯罪警示教育基地开展廉政教育

2019 年 8 月 31 日，内蒙古自治区党委第十一巡回指导组、内蒙古出版集团领导督导社领导班子“不忘初心、牢记使命”专题民主生活会

2021 年 4 月 21 日，特邀作者代表和经销商代表参加党史学习教育改进服务工作征求意见座谈会

2021 年 4 月，组织党员、入党积极分子每周集中自学党史

2021年4月29日，组织党员和干部职工观看红色电影《半条被子》

2021年6月29日，职工参加内蒙古出版集团举办的“忆党史、记党恩、跟党走”党史学习教育主题知识竞赛获得第一名，内蒙古出版集团党委委员、总编辑其其格（左一）为获奖者颁奖

2021年7月1日，全社职工观看庆祝中国共产党成立100周年大会直播

2021年7月6日，组织党员领导干部赴内蒙古自治区展览馆参加内蒙古出版集团组织的“不忘初心、牢记使命——中国共产党历史展览”参观活动

2020 年 12 月 25 日，开展“铸牢中华民族共同体意识”主题党日活动，组织党员和入党积极分子赴内蒙古自治区展览馆参观“党的民族理论和民族政策档案文献展”

2021年4月13日，组织党员和入党积极分子赴大青山红色文化公园开展“清明祭英烈 永远跟党走”主题党日活动

2021 年 6 月 4 日，组织开展党员进社区活动，社内党员与呼和浩特市新城区艺术厅南街社区党员在内蒙古人民出版社小区共同开展“参与垃圾分类 共创文明城市”活动。

给小区居民分发分类垃圾桶与垃圾袋

为周边居民讲解垃圾分类知识

参与活动的部分党员合影

2019年7月17日，组织第六（老干部）党支部党员和部分退休职工赴百灵庙抗日武装暴动纪念馆参观学习

2021 年 5 月 28 日，第二党支部、第五党支部联合开展“踏寻革命足迹 传承革命精神”主题党日活动，赴武川县得胜沟乡内蒙古自治区爱国主义教育基地、红色教育基地、廉政教育基地参观学习

2021 年 5 月 28 日，第三党支部、第四党支部联合开展“缅怀革命先烈 追寻红色足迹”主题党日活动，赴贾力更烈士故居参观学习

2021 年 7 月 22 日，第一党支部开展“追寻红色足迹 传承革命精神”主题党日活动，赴贾力更烈士故居参观学习

2019年9月底，社领导看望离休干部并发放庆祝中华人民共和国成立70周年纪念章

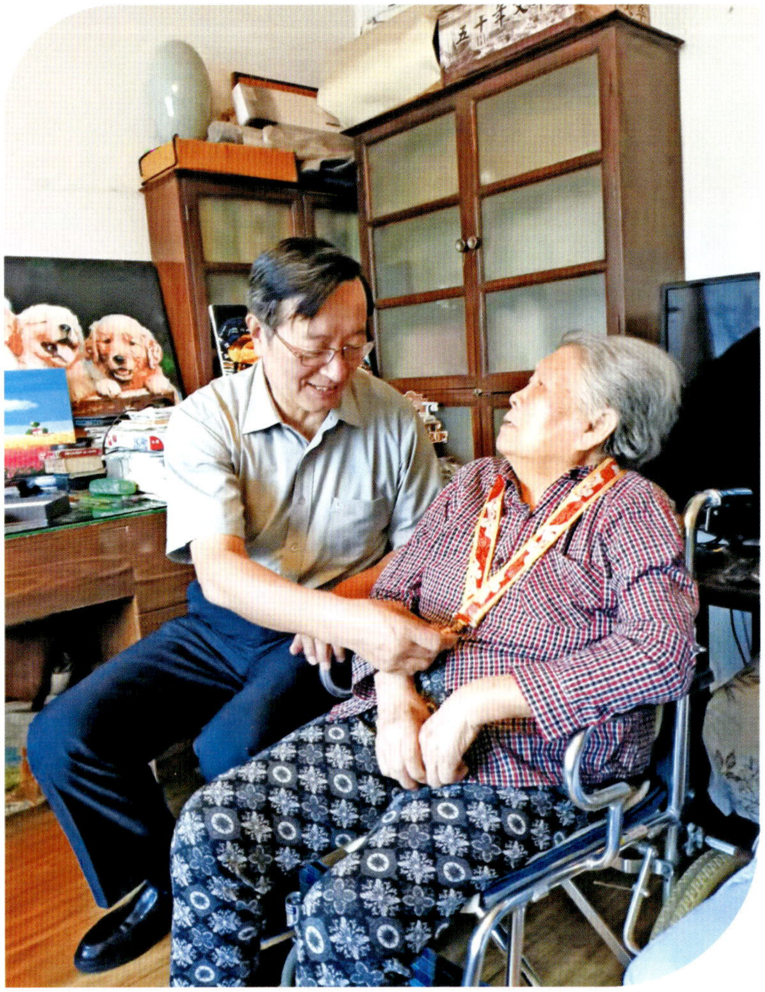

党委书记、社长吉日木图慰问刘敏同志

党委委员、总编辑郭刚慰问阿拉坦巴干同志

党委委员、副社长陈利保慰问沃英海同志

2021 年 6 月，内蒙古出版集团领导、内蒙古人民出版社领导看望老党员并颁发“光荣在党 50 年”纪念章

王富看望乌云同志

吉日木图看望沃英海同志

吉日木图看望玉兰同志

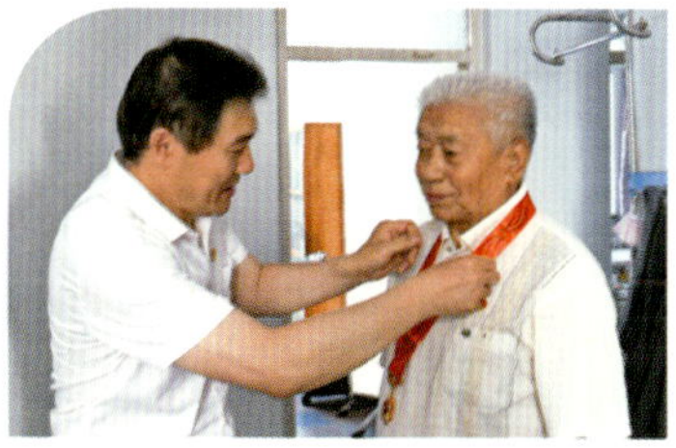
陈利保看望张国栋同志

吉日木图看望托娅同志

陈利保看望翟如恒同志

陈利保看望田沛云同志

陈利保看望乌日其其格同志

陈利保看望王图雅同志

陈利保看望郭聚珍同志

贵荣看望阿拉坦巴根同志

贵荣看望陈绵成同志

贵荣看望高德礼同志

贵荣看望其其格同志

贵荣看望铁柱同志

纪念章送达王占英同志
（王占英同志时在外地）

马国林看望赵连敏同志

（王富：内蒙古出版集团党委副书记；马国林：内蒙古出版集团宣传部部长；吉日木图：内蒙古人民出版社党委书记、社长；陈利保：内蒙古人民出版社党委委员、副社长；贵荣：内蒙古人民出版社党委委员、副总编辑）

按照内蒙古自治区党委、政府的部署，从2012年3月开始，内蒙古人民出版社对结队共建帮扶点——赤峰市敖汉旗宝国吐乡岗岗村开展帮扶工作。主要工作有：募集捐款，聘请农牧业专家为村民实地举办养殖、种植业相关培训，捐赠党的十八大学习辅导材料及种植养殖类、生活类图书等。

向帮扶点捐赠饲料

向帮扶点捐赠图书

按照内蒙古自治区党委、政府的部署，从 2014 年开始，内蒙古人民出版社组建驻村工作队到对口帮扶村——察哈尔右翼后旗大六号镇大六号村开展扶贫攻坚“三到村三到户”精准扶贫工作，完成了饮水安全、公共服务、道路硬化、农田基础设施改造等帮扶计划。内蒙古人民出版社与察哈尔右翼后旗旗委宣传部于 2018 年共同制定了“送图书·助脱贫”三年行动计划，累计捐赠了 460 余万元码洋的图书。2018 年，大六号村摘掉了贫困村的帽子，察哈尔右翼后旗人民政府授予内蒙古人民出版社驻村干部“扶贫攻坚先进工作者”称号。2021 年，内蒙古自治区党委、政府授予内蒙古人民出版社驻村工作队“内蒙古自治区脱贫攻坚先进集体”荣誉称号。

2015 年 6 月 18 日，社领导带队走访慰问贫困户

2019 年，社领导和驻村队员与镇领导商议帮扶工作

2018 年 8 月 22 日，内蒙古人民出版社与察哈尔右翼后旗旗委宣传部开展文化扶贫送图书捐赠活动

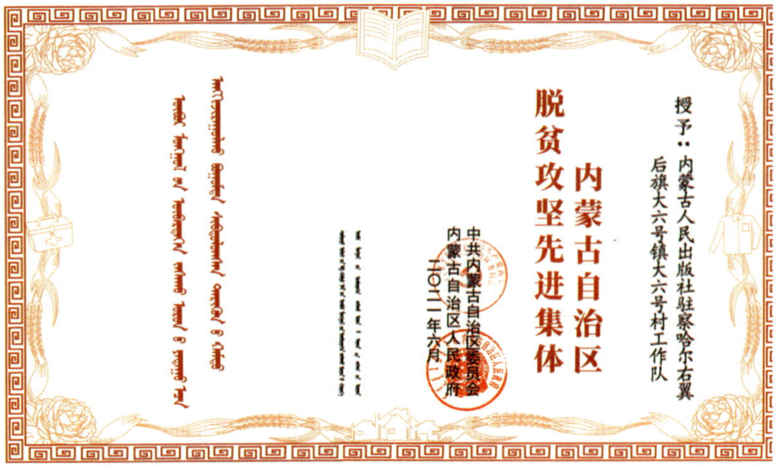

2017年6月9日，内蒙古人民出版社职工前往白石沟开展以“清理环境污染 保护绿水青山”为主题的生态建设志愿者“环保绿色行”活动。

2020 年 4 月 28 日，内蒙古人民出版社职工赴呼和浩特市新城区保合少镇面铺窑村义务植树基地开展以“保护生态环境 共建绿色家园”为主题的植树造林活动。

2020年，内蒙古人民出版社策划推出抗击新冠疫情的汉文、蒙古文图书及电子读物14种。分别向内蒙古自治区综合疾病预防控制中心及自治区各盟（市）旗县（区）疾控中心、呼和浩特市卫生健康委员会、内蒙古自治区图书馆、呼和浩特市图书馆、内蒙古新华书店、内蒙古国际蒙医医院、呼和浩特市部分社区和小区捐赠疫情防控普及读物15000余册。

2020年3月3日，向内蒙古自治区综合疾病预防控制中心赠书

2020年3月4日，向呼和浩特市卫生健康委员会赠书

2020年3月6日，向呼和浩特市部分社区赠书

2020年3月13日，向内蒙古国际蒙医医院赠书

2021 年 6 月 3 日，内蒙古人民出版社在“警营建书屋”活动中为新城区交管大队捐赠图书

2021 年 6 月 29 日，内蒙古人民出版社第二党支部与武警内蒙古总队呼和浩特支队开展“军民团结 共沐书香——书香进军营”志愿服务活动

2021 年 7 月 2 日，内蒙古人民出版社参加由内蒙古科协主办，内蒙古科技馆、呼伦贝尔市科协、索尼探梦科技馆承办的“红色百年路 科普万里行”全区科技馆庆祝建党 100 周年联合行动呼伦贝尔站启动及图书捐赠活动

2021 年 11 月，社领导班子成员赴四子王旗开展“我为群众办实事”图书捐赠活动

在迎接建党100周年之际，内蒙古人民出版社积极参与内蒙古出版集团党委“我为群众办实事”——百校百村百名贫困学生扶智行动。该行动围绕党史学习教育目标要求和重点任务，着力在丰富基层群众文化生活、推动全民阅读深入开展、助力乡村振兴、保障基本民生需求上办实事、求实效。2021年6月15日至25日，内蒙古人民出版社派人分别前往鄂尔多斯市、巴彦淖尔市、乌海市、阿拉善盟，向30个社区、嘎查村、文明实践站（所）捐赠蒙汉文图书和部分农业科普电子读物。

向鄂尔多斯市达拉特旗旧大树湾乡政府新时代文明实践站捐赠

向巴彦淖尔市乌拉特中旗四义堂村新时代文明实践站捐赠

向乌海市海南区西卓子山街道办事处赛汗乌素村民委员会捐赠

向阿拉善盟额济纳旗巴彦陶来苏木新时代文明实践所捐赠

为深入开展“我为群众办实事”实践活动，切实解决群众的“急难愁盼”问题，2021年8月27日，社领导、党员干部、民主党派人士开展“关爱特殊家庭学子”走访慰问活动，前往乌兰察布市凉城县，通过自发捐助的形式为曹碾满族乡王三顺村、厂汉营村、东厂汉营村3户特殊家庭4名学子送去了衣服、书籍等生活和学习用品。

党委书记、社长吉日木图向郭凯凯父女捐赠衣物

党委委员、副社长陈利保向贾馨瑞一家捐赠衣物

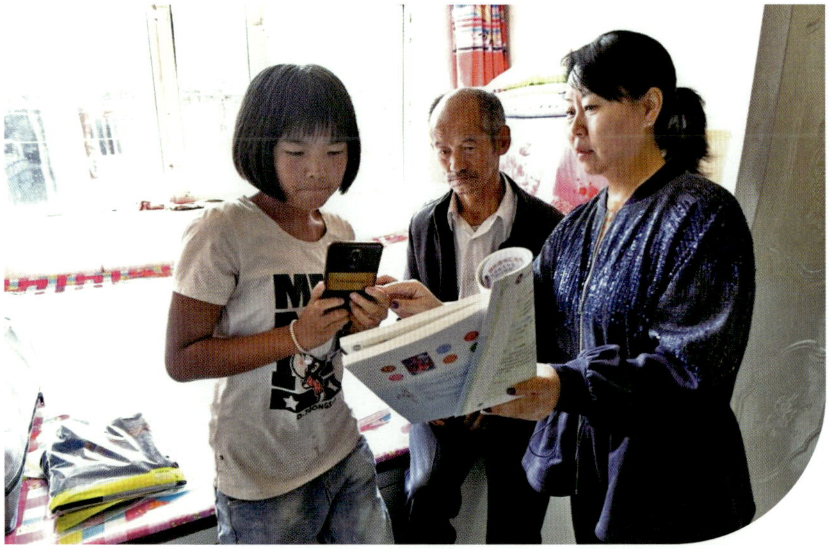

综合业务部兼图书营销部主任石金莲（九三学社社员）指导郭凯凯用智能手机阅读“快乐读书汇”系列图书

“话说内蒙古”项目部编辑南丁（中国民主促进会会员）向贾馨瑞捐赠图书

七秩風華

七秩信念诗，笃实出精品。砥砺奋进正当时，驰而不息出佳作。精品铸就丰碑，品质赢得未来。内蒙古人民出版社严把导向，精耕主业，潜心策划，聚焦品质。编译活动有序开展，重点图书频获殊荣，新书发布读者驻足，线上荐书卓有成效。

肆

精益求精　铸造品质

《共产党宣言》

《马克思传》

《列宁回忆录》

《为真理而奋斗》

《加强相互学习克服固步自封、骄傲自满》

《雷锋日记》

《沙漠里的故事》

《撒满珍珠的草原》

《三岁勇士古纳干》

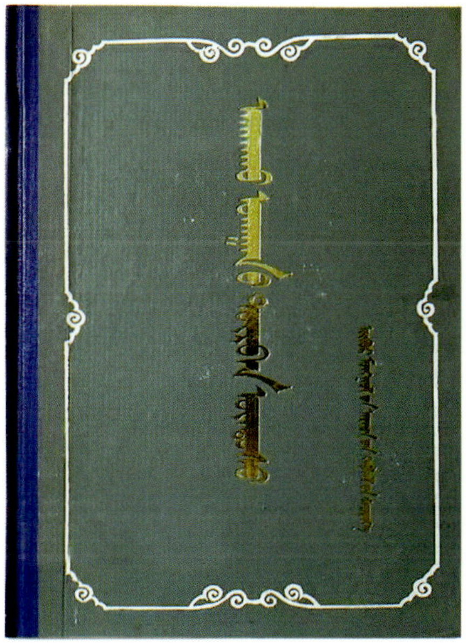

《四部医典》

《蒙古民歌千首》

《蒙古古代文学一百篇》

内蒙古自治區概況

内蒙古诗集
1958—1961

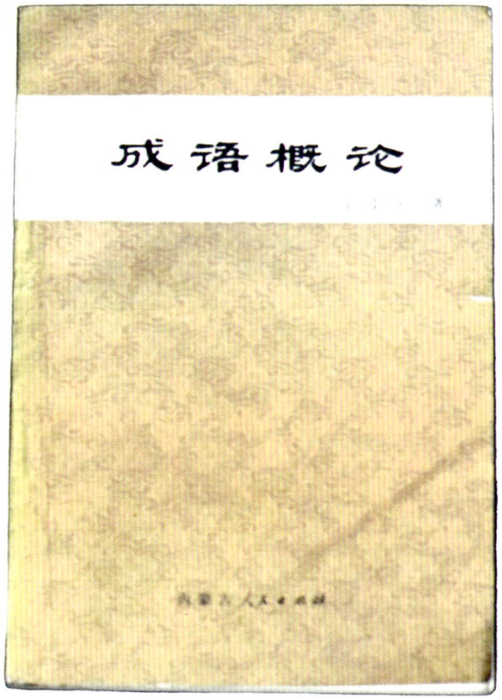
成语概论

MENGGU MISHI
CIHUI XUANSHI
蒙古族历史丛书
《蒙古秘史》
词汇选释
额尔登泰 乌云达赉 阿萨拉图 著

一层楼
尹湛纳希 著
甲乙木 译

泣红亭
尹湛纳希 著 曹都 陈定宇 译

评书
薛刚反唐
刘林仙 讲述

全图绣像 三国演义 上
全图绣像 三国演义 中
全图绣像 三国演义 下

中药配伍应用

中国中草药单方大全
王文安 编
内蒙古人民出版社

中草药验方选编
内蒙古人民出版社

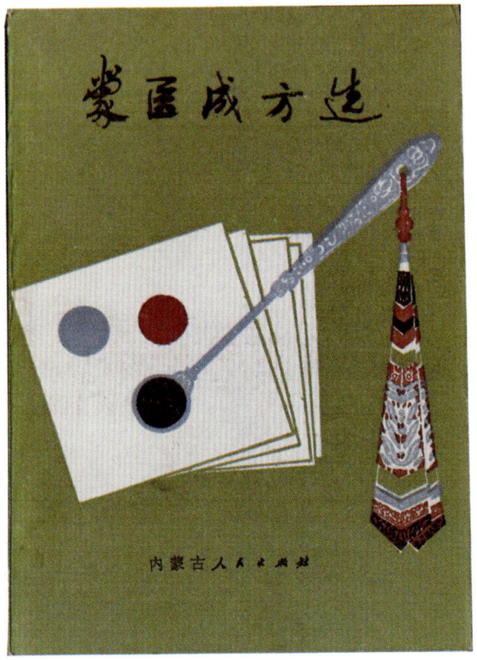
蒙医成方选
内蒙古人民出版社

内蒙古
药用动物
内蒙古人民出版社

《内蒙古药用动物》

大兴安岭药用植物

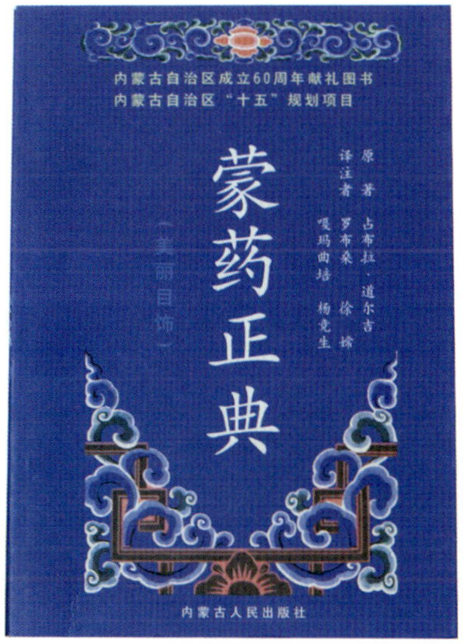
内蒙古自治区成立60周年献礼图书
内蒙古自治区"十五"规划项目
蒙药正典
内蒙古人民出版社

中國民間醫術絶招
（儿科部分）
（外科部分）

实用电工技术问答
SHIYONG DIANGONG JISHU WENDA

XISHI NEIKE XUE
希氏内科学

★ 重点图书

烏兰夫

布赫畫傳

云布龙
内蒙古人民出版社

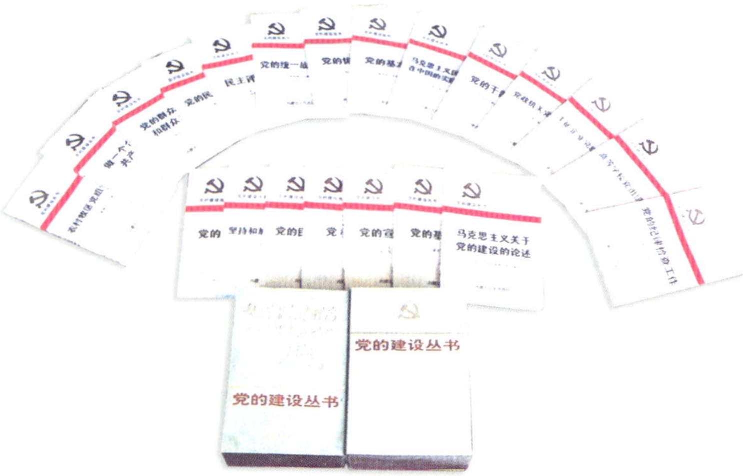
马克思主义关于党的建设的论述
党的建设丛书
党的建设丛书

筑牢祖国北疆生态安全屏障
守望相助 团结奋斗
共同创造美好生活
守好各民族美好精神家园
发展是硬道理
打铁还需自身硬
各族人民当家做主
心连心 手拉手
内蒙古70年理论研究丛书

学习论理
第四辑
感受平易近人的理论力量
学习论理
学习论理
感受平易近人的理论力量
学习论理
感受平易近人的理论力量

蒙古马精神
——吃苦耐劳　一往无前
内蒙古人民出版社

那红红的萨日朗
内蒙古人民出版社

红色的嫩芽
内蒙古人民出版社

马文化
马旅游
马产业
蒙古马精神
赛马业

中国民族区域自治50年
《中国民族区域自治50年》课题组
内蒙古人民出版社

今日内蒙古
乌海
伊克昭
阿拉善
哲里木
乌兰察布
赤峰
呼伦贝尔
呼和浩特
巴彦淖尔
包头
锡林郭勒
兴安
今日内蒙古
内蒙古人民出版社

话说内蒙古
海拉尔区
临河区
土默特右旗
额济纳旗
阿巴嘎旗
玉泉区

中国古代北方民族史丛书
匈奴史
A History of Huns
林幹 著
内蒙古人民出版社
中国古代北方民族史丛书
东胡史
内蒙古人民出版社
A History of Donghu
林幹 著
中国古代北方民族史丛书
中国古代
北方民族史新论
内蒙古人民出版社
A Study of Northern
Nationalities in Ancient China
林幹 著
中国古代北方民族史丛书
中国古代
北方民族通论
内蒙古人民出版社
A General Treatise on Northern
Nationalities in Ancient China
林幹 著
中国古代北方民族史丛书
突厥与回纥史
内蒙古人民出版社
A History of Turks and Uygurs
林幹 著

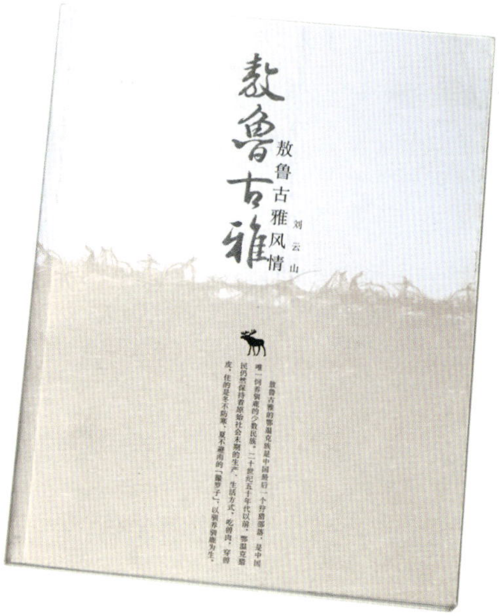
敖鲁古雅
敖鲁古雅风情
刘云山

CUSTOMS AND LIFESTYLES
OF AOLUGUYA
Ewenkis in Aoluguya are the last hunting tribe
for cold in winter and rain in summer.

《敖鲁古雅风情》（英文版）

《三只黄羊》

《民间故事》

《江格尔》

《清澈的塔米尔河》（七个印次）

《暖太阳绘本馆丛书》

《红色经典文学译丛》

《国外蒙古学译丛》

《外国长篇小说译丛》

《蒙古族古今文学精粹》

《蒙古文大藏经》

《经典蒙古马学百科》

《蒙古医药学经典著作系列丛书》

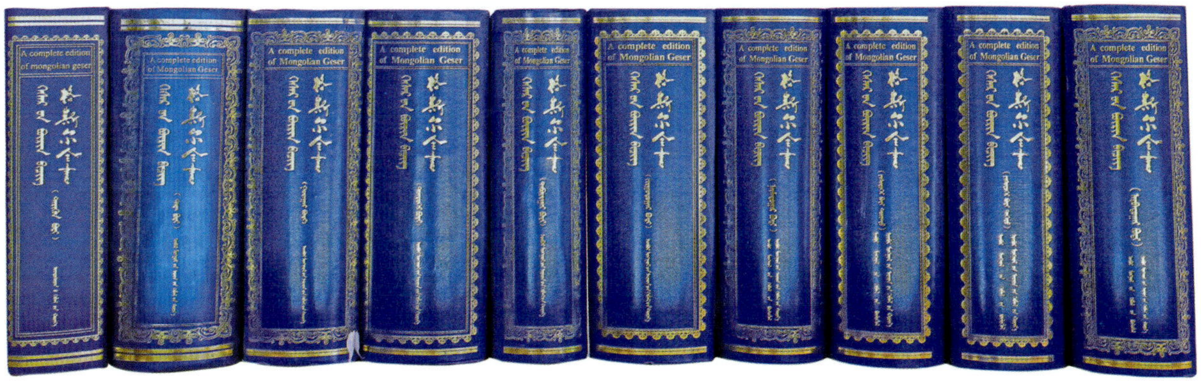

《格斯尔全书》

《新世纪以来中国蒙古文原创文学作品精选》

《四大名著》

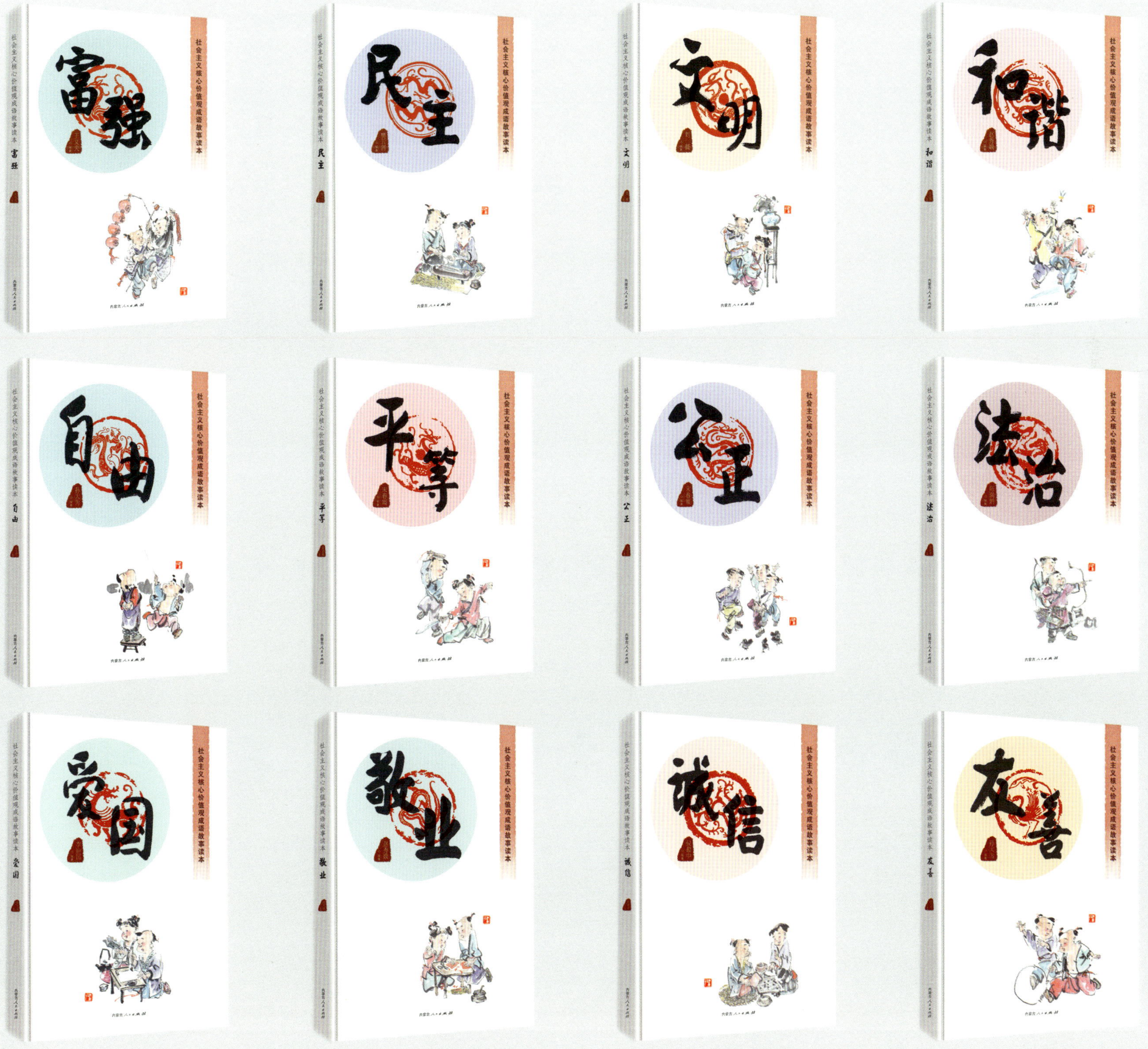
富强
社会主义核心价值观成语故事读本
民主
社会主义核心价值观成语故事读本
文明
社会主义核心价值观成语故事读本
和谐
社会主义核心价值观成语故事读本
自由
社会主义核心价值观成语故事读本
平等
社会主义核心价值观成语故事读本
公正
社会主义核心价值观成语故事读本
法治
社会主义核心价值观成语故事读本
爱国
社会主义核心价值观成语故事读本
敬业
社会主义核心价值观成语故事读本
诚信
社会主义核心价值观成语故事读本
友善
社会主义核心价值观成语故事读本

铁血皇帝
柴荣传奇
内蒙古出版集团
内蒙古人民出版社

缘结 如意藤
元与西藏
包丽英／著

草原
茶叶之路
CAOYUAN
CHAYE ZHILU
古道悠悠 驼铃声声
沿着草原茶叶之路探寻历史文化遗迹
内蒙古人民出版社

走进千年
辽上京
上

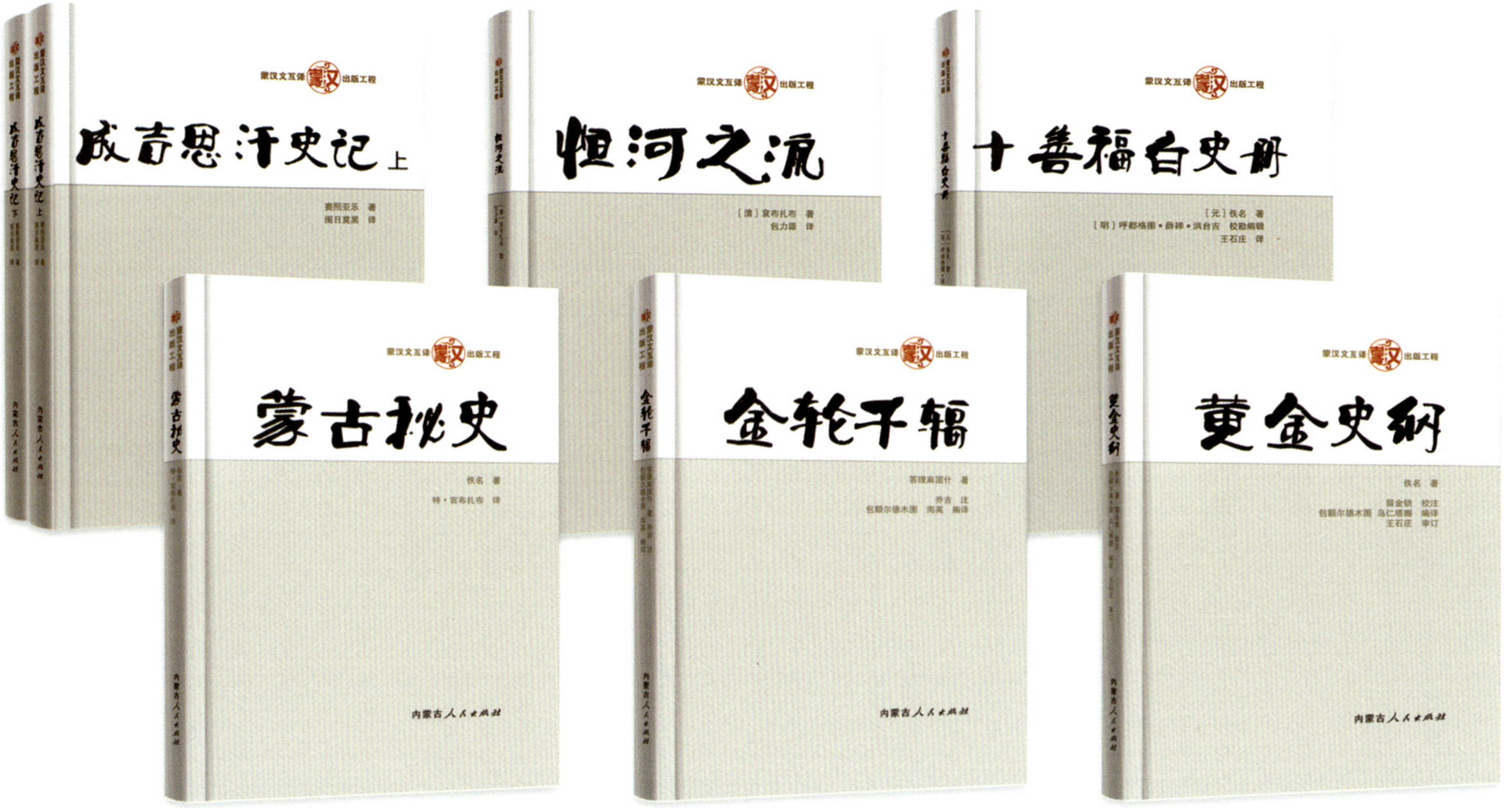
蒙汉文互译出版工程
成吉思汗史记 上
恒河之流
十善福白史册
蒙古秘史
金轮千辐
黄金史纲
内蒙古人民出版社

让女孩
远离性侵害
管晓梅 著
内蒙古出版集团
内蒙古人民出版社

危机时刻
安全逃生
——灾难逃生及灾后心理恢复
当灾难与我们不期而遇之时，我们该何去何从？
不妨放下手中的事务读读这本书吧！
内蒙古出版集团

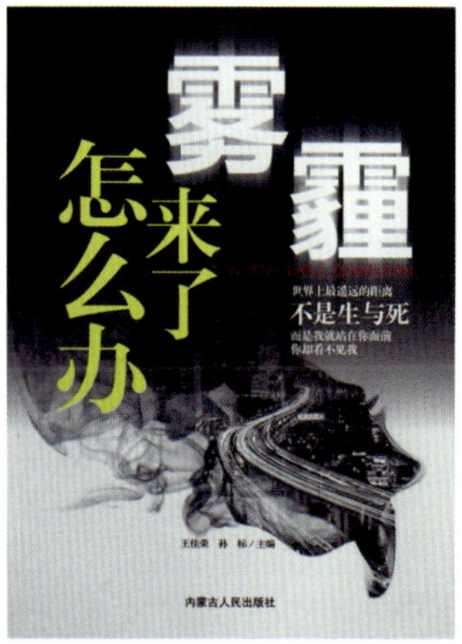
雾霾
来了
怎么办
不是生与死
内蒙古人民出版社

中国北方草原游牧民族
传统工艺美术丛书
印象之美
蒙古族传统美术·家具

好好说话
不要让
语言暴力毁掉孩子

对家庭
暴力
零容忍
让家庭更和谐
让权益更有保障
Dui Jiating Baoli
Ling Rongren

中国北方草原游牧民族
传统工艺美术丛书
印象之美
蒙古族传统美术·绘画

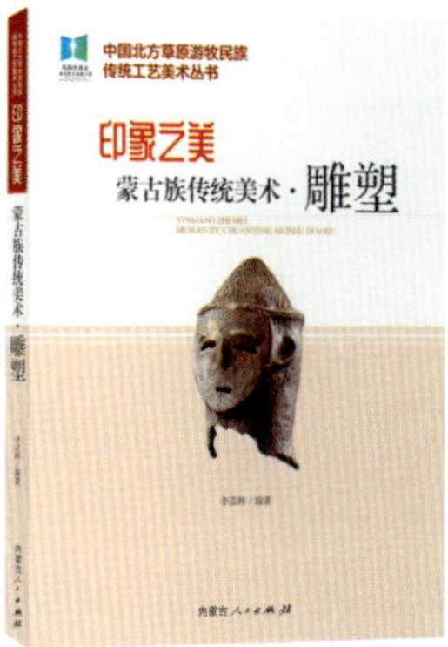
中国北方草原游牧民族
传统工艺美术丛书
印象之美
蒙古族传统美术·雕塑

綏遠通志稿
綏遠通志館編纂

中国北方草原游牧民族
传统工艺美术丛书
印象之美
蒙古族传统美术·唐卡

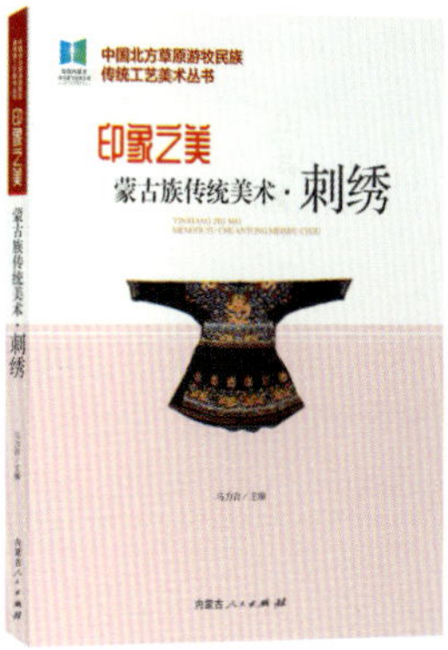
中国北方草原游牧民族
传统工艺美术丛书
印象之美
蒙古族传统美术·刺绣

中国北方草原游牧民族
传统工艺美术丛书
印象之美
蒙古族传统美术·图案

中国北方草原游牧民族
传统工艺美术丛书
印象之美
蒙古族传统美术·手工艺

中国蒙古族系列丛书之二
散居在祖国内地的蒙古族及后裔
中国蒙古族系列丛书之三
蒙古八部
中国蒙古族系列丛书之四
卫拉特三大汗国及其后人
中国蒙古族系列丛书之五
雄踞欧亚——蒙古四大汗国
中国蒙古族系列丛书之七
元朝之后的蒙古汗国
成吉思汗蒙古帝国的后人

蒙古高原考古图典
10
近代
内蒙古人民出版社

席慕蓉
蒙文课

席慕蓉
追寻梦土

“席慕蓉原乡系列图书”：《追寻梦土》《蒙文课》《在诗的深处》《写给海日汗的 21 封信》

《暗算》（西里尔文版）

《四大名著》（西里尔文版）

《蒙古族相声精粹》

《蒙古族好来宝精粹》

《蒙古族民间故事精粹》
《蒙古族谜语精粹》
《蒙古族谚语精粹》

《蒙古族传统美术》

《蒙古族礼仪诵词》

《蒙古族英雄史诗精粹》《蒙古族传说精粹》

《蒙古族民俗文化》

《蒙古文书法全集》
《内蒙古蒙古族长调风格区及其典型曲目》
《内蒙古蒙古族传统服饰典型样式》

《经典蒙古剧选》（上中下册）

主题游戏活动
上
ZHUTI YOUXI HUODONG
适用于5-6岁幼儿

寒假作业
HANJIAZUOYE
语文
六年级

经内蒙古自治区教材审核委员会审核通过
小学综合实践活动
五年级上册
六年级上册
七年级上册
八年级上册
九年级上册
小学综合实践活动
一年级上册
二年级上册
三年级上册
四年级上册
内蒙古人民出版社
上海科技教育出版社

2021
10方5案
中考总复习
英语
内蒙古人民出版社

大学生心理
陪孩子走过
小学六年
——送给亲爱的小学生
阳光与快乐心态的密码就在这本书里!
自信与智慧的钥匙就在阅读的过程中!
内蒙古人民出版社

蒙古族服饰图鉴
蒙古族服饰图鉴
ILLUSTRATED COLLECTION OF MONGOLIAN COSTUMES
内蒙古人民出版社

个性与时代
中国美术馆藏油画作品集

蒙古族饮食图鉴
内蒙古出版集团
内蒙古人民出版社
蒙古族饮食图鉴
ILLUSTRATED COLLECTION OF MONGOLIAN DIET
内蒙古出版集团
内蒙古人民出版社

天边的彩云

两只小熊
聪明的旅行者
农夫与笨熊
公鸡国王
姐姐的眼泪
给云雀让路
不听话的小骆驼
小蚂蚱盖房子

中国少数民族故事绘本典藏
谁最厉害？
内蒙古人民出版社

内蒙古
NEIMENGGU NIANHUA JIYI
年画记忆
内蒙古人民出版社

内蒙古植物志
FLORA INTRAMONGOLICA
（第三版）
第一卷
内蒙古人民出版社

左一：《蒙古文正字法词典》
左五：《蒙古语辞典》
左七：《二十一卷本辞典》

2017 年 11 月 2 日，党的十九大文件及学习辅导读物（《党的十九大报告》单行本、《中国共产党章程》《中国共产党第十九次全国代表大会文件汇编》《党的十九大报告辅导读本》）首发式在内蒙古新华书店图书大厦隆重举行。内蒙古自治区党委常委、宣传部部长白玉刚，内蒙古自治区新闻出版广电局副局长邹韬，内蒙古出版集团党委书记、董事长双龙，内蒙古新华发行集团党委书记、董事长冀学博，内蒙古人民出版社党委书记、社长吉日木图和党委委员、总编辑郭刚出席活动。

出席活动的领导
（左起：吉日木图、双龙、白玉刚、邹韬、冀学博、郭刚）

首发式活动现场

党的十九大文件及学习辅导读物

荣誉证书
HONORARY CREDENTIAL
内蒙古人民出版社：
荣获党的十九大文件及辅导读本出版工作奋进奖。
特颁此证
人民出版社
中国版协人民出版社工作委员会
二〇一八年九月

内蒙古人民出版社荣获党的十九大文件及辅导读本出版工作奋进奖

2018 年 9 月 11 日，由内蒙古人民出版社出版的席慕蓉女士六本原乡系列图书发布会在内蒙古自治区图书馆举行。内蒙古大学原副校长、内蒙古大学蒙古学研究中心主任齐木德道尔吉先生，国家一级作家、研究员、内蒙古民间文艺家协会原主席哈达奇·刚先生，辽宁省作家协会副主席、著名作家、第七届鲁迅文学奖获得者鲍尔吉·原野先生，内蒙古翻译家协会副主席、内蒙古作家协会会员、《民族文学》杂志特约翻译家朵日娜女士，内蒙古人民出版社党委书记、社长吉日木图在活动现场畅谈了体会。

出席活动的嘉宾和主持人
（左起：罗婧、哈达奇·刚、吉日木图、席慕蓉、齐木德道尔吉、鲍尔吉·原野、朵日娜）

活动现场

席慕蓉女士与社领导班子合影

席慕蓉女士与工作人员合影

2020年8月16日，由内蒙古出版集团、内蒙古广播电视台主办，内蒙古人民出版社与内蒙古广播电视台蒙古语卫视频道承办，内蒙古新文化书业有限公司、内蒙古厚德书局文化传媒有限公司协办的“蒙蒙雨”系列幼儿读物专题少儿晚会在内蒙古广播电视台演播厅举行。晚会以演唱和朗诵“蒙蒙雨”系列幼儿读物中的原创幼儿歌曲和诗歌为主，穿插了儿童歌舞、讲故事、舞台剧等节目。

社领导与主持人、部分演员合影

2020年8月17日，内蒙古人民出版社召开“蒙蒙雨”系列幼儿读物研讨会。本套读物主编和来自呼和浩特市、包头市、赤峰市、锡林郭勒盟的教师以及内蒙古出版集团、新华书店、《花蕾》杂志、《花的原野》杂志的相关负责同志参加会议。

参加研讨会人员合影

2020年12月6日，内蒙古人民出版社与人民美术出版社联合出版的内蒙古自治区人民政府资助项目《秦国仁楷书艺术大字典》（三册）在北京市紫竹院公园举行首发仪式。内蒙古自治区政协、中国美术家协会、中央美术学院、中国国家图书馆、文化中国基金、中国美术馆、人民美术出版社、北京市民族事务委员会、北京市宗教事务局、北京市紫竹院公园、北京皇家园林书画研究会、北京市公园管理中心、内蒙古出版集团、内蒙古驻京办事处、内蒙古大厦、内蒙古蒙牛乳业（集团）股份有限公司等领导出席本次活动。

参观书法作品

（左一：中国美术家协会主席、中央美术学院院长范迪安；左二：秦国仁；左三：内蒙古自治区政协副主席刘新乐；左四：内蒙古人民出版社党委书记、社长吉日木图）

参加活动的领导与嘉宾合影

2021 年 12 月 1 日，“美好阅读　从心出发”全民阅读月融媒行动启动仪式暨《天使出征——内蒙古援鄂医疗队抗击新冠肺炎疫情纪实》新书首发式在呼和浩特市图书馆举办。内蒙古自治区党委宣传部、内蒙古自治区新闻出版局、内蒙古出版集团、内蒙古广播电视台、内蒙古自治区文学艺术界联合会、内蒙古自治区卫生健康委员会、内蒙古新华书店、内蒙古自治区妇幼保健院、呼和浩特市图书馆相关领导出席活动。该书由内蒙古北方新报报业有限公司总编辑刘春创作。作为随行记者，他真实记录了 2020 年内蒙古援鄂医疗队在湖北省武汉市和荆门市抗击新冠肺炎疫情期间的感人场景。

早期参加图书展销

早期参加图书展销

早期参加书展

1985 年 12 月，参加在香港举办的书展

2015 年 6 月 26 日，内蒙古人民出版社参加第十二届中国 · 内蒙古草原文化节之 2015 年内蒙古自治区优秀出版物暨中国蒙古文出版物展

2017 年 5 月 31 日至 6 月 3 日，内蒙古人民出版社在河北省廊坊市举行的第二十七届全国图书交易博览会上举办蒙古族历史知识讲座暨中国蒙古族系列丛书读者见面会

2017 年 6 月 23 日至 25 日，内蒙古人民出版社在通辽市博物馆举办的八省区第三届蒙古文图书展上展出精品蒙古文图书，并举办了“心智・感悟・人生”丛书签赠活动和“暖太阳绘本馆”丛书小读者见面会

2018 年 7 月 19 日至 22 日，内蒙古人民出版社参加在深圳会展中心举办的第二十八届全国图书交易博览会

2019 年 7 月 27 日至 30 日，内蒙古人民出版社参加在西安市举办的第二十九届全国图书交易博览会

开展农牧民读书大接力活动

2017 年儿童节，举行“诺敏沙图读友会”——“暖太阳绘本馆”丛书小读者互动会

2019 年 7 月 29 日，在西安市举行的第二十九届全国图书交易博览会上举行“传承中华文脉 弘扬蒙古马精神”读者分享会

2020 年 5 月，组织职工携手呼和浩特穷游部落赴老牛湾开展《青城驴道儿》作者、读者户外体验分享活动

2018 年 4 月 23 日，书香中国·阅动草原“双智慧”儿童阅读成长护照启动仪式、绘本阅读与儿童发展研讨会在内蒙古自治区图书馆举行。该活动由内蒙古自治区党委宣传部、内蒙古自治区文明办、内蒙古自治区文化厅、内蒙古自治区新闻出版广电局、内蒙古广播电视台、内蒙古出版集团、内蒙古新华发行集团、内蒙古关工委主办，内蒙古自治区图书馆、内蒙古自治区幼儿教育研究会和内蒙古人民出版社承办，内蒙古智佳德文化传媒有限公司、“诺敏沙图读友会”工作组、呼和浩特市新华书店青少年活动发展中心协办。

2018 年 11 月，内蒙古人民出版社举办“纪念改革开放 40 周年”图书出版回望展

内蒙古自治区新闻出版局领导参观回望展

内蒙古自治区民族事务委员会领导参观回望展

2018年11月，内蒙古人民出版社举办“纪念改革开放40周年”图书出版回望展

内蒙古出版集团领导参观回望展

展会现场

内蒙古新华报业中心领导参观回望展

2021 年 12 月，内蒙古人民出版社举办成立 70 周年图书展

1951—1980 年出版的精品图书展示

1981—2010 年出版的精品图书展示

2011—2021 年出版的精品图书展示

内蒙古出版集团党委书记、董事长双龙一行参观图书展

七秩出版梦，锐意勇创新。时代大潮波澜壮阔，科技理念日新月异。内蒙古人民出版社顺势而为，推动传统出版与新兴媒体融合发展。拓宽渠道，探索数字出版发展新模式；以书为媒，加强国际人文交流互鉴；匠心文创，多元发展助力出版奋楫远行。

伍

与时俱进 合作共赢

“蒙古文工具书数据库在线服务”工程

“蒙古文工具书数据库在线服务”工程是由内蒙古人民出版社开发的蒙古文数字出版项目，旨在依托内蒙古人民出版社丰富的蒙古文工具书资源和扎实的内容制作能力，打造一个内容资源丰富、具有鲜明特色的“蒙古文工具书数据库在线服务”平台，给互联网用户提供一批具有版权、符合蒙古文国家标准、具有代表性的蒙古文工具书数字资源。该项目于2015年2月13日立项，2019年已顺利完成两期工程并通过项目验收。

网站

点击“浏览图书”图标，左侧列表显示相应的图书

点击“扫码下载官方 APP”，显示下载二维码

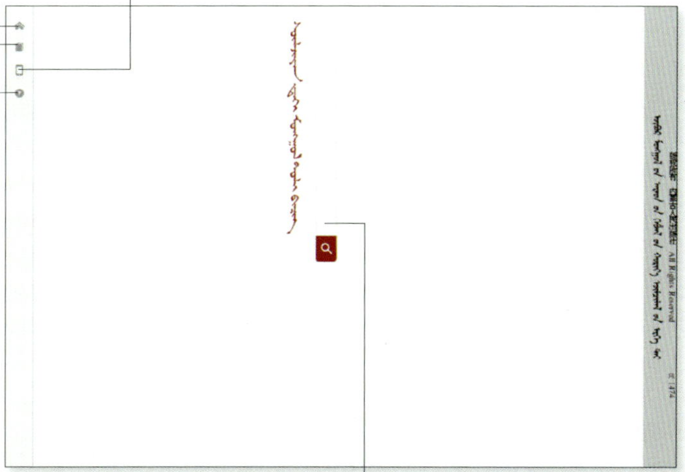

返回主界面按钮

点击“帮助”图标，显示相应的操作信息

在搜索框中输入内容，进入相应的搜索结果页面

APP

在搜索框中输入内容，进入相应的搜索结果页面

点击图书图标，进入工具书页面

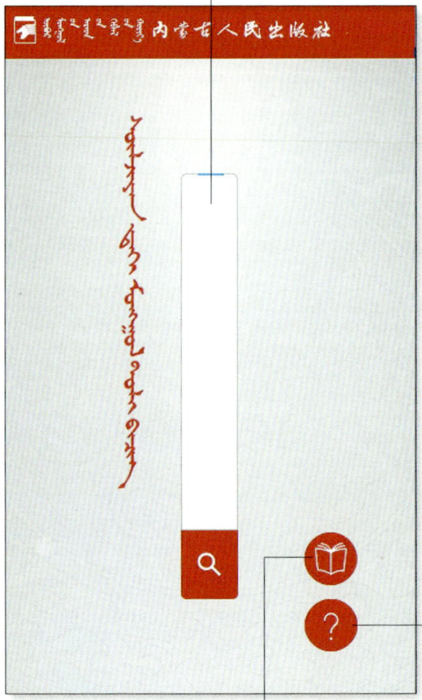

点击“帮助”图标，进入“帮助中心”

2017 年 3 月 14 日，召开“蒙古文工具书数据库在线服务”一期工程项目进度汇报会

2019 年 5 月 31 日，召开“蒙古文工具书数据库在线服务”二期工程项目验收会

荣誉证书
CERTIFICATE OF HONOR

2013-2018 年度内蒙古自治区蒙古语言文字信息化专项扶持项目
优秀奖

授予
内蒙古人民出版社
“蒙古文工具书数据库在线服务工程”项目
主要完成人　吉日木图、朱莽烈、包敖民、斯冷敖日布 等

内蒙古蒙古语言文字信息化学会
2020 年 9 月 21 日

2020 年，“蒙古文工具书数据库在线服务工程”获得“2013—2018 年度内蒙古自治区蒙古语言文字信息化专项扶持项目优秀奖”

内蒙古人民出版社：
《「蒙古文工具书数据库在线服务」应用实验项目》荣获内蒙古出版集团二零二零年度出版创新、文化创意单位组铜奖，特发此证。

内蒙古出版集团有限责任公司
2021年2月

2021 年，“蒙古文工具书数据库在线服务”应用实验项目荣获内蒙古出版集团 2020 年度出版创新、文化创意单位组铜奖

现代纸书

“现代纸书”是由传统出版向数字化、融合出版转型的一种迎合移动互联网时代内容的具有“交互”功能的纸质出版物。通过在纸质出版物上匹配大数据标签的二维码，在二维码中配套线上衍生内容资源与服务，以满足读者在阅读纸质书刊的过程中享用深度阅读内容或其他增值服务。2021 年，《中国少数民族故事绘本典藏・聪明的旅行者》《快乐读书汇丛书・海底两万里》《快乐读书汇丛书・鲁滨逊漂流记》3 种现代纸书在武汉知识产权交易所完成挂牌交易。

荣誉证书

2021 NECIS | 4th 出版融合技术·编辑创新大赛

孙红梅 同志：

出版物名称：《海底两万里》《鲁滨逊漂流记》（快乐读书汇丛书）

出版单位：内蒙古人民出版社

团队成员：王静 段瑞昕 董丽娟 王曼 蔺小英 贾大明

荣获 第一赛季“出版融合·匠心服务奖”

出版融合技术·编辑创新大赛组委会
国家新闻出版署出版融合发展（武汉）重点实验室
2021年7月

2021 年 7 月，《快乐读书汇丛书·海底两万里》《快乐读书汇丛书·鲁滨逊漂流记》荣获第四届出版融合技术·编辑创新大赛第一赛季“出版融合·匠心服务奖”

2021 年 7 月,《话说内蒙古·土默特右旗》荣获第四届出版融合技术·编辑创新大赛第一赛季"出版融合·匠心服务奖"

荣誉证书

2021 NECIS | 4th 届 出版融合技术·编辑创新大赛

陈宇琪 团队：

出版物名称：内蒙古自然资源少儿科普丛书 动物密码

出版单位：内蒙古人民出版社

荣获 第二赛季“出版融合·品牌营销奖”

出版融合技术·编辑创新大赛组委会

国家新闻出版署出版融合发展（武汉）重点实验室

2021年10月

2021 年 10 月，《内蒙古自然资源少儿科普丛书·动物密码》荣获第四届出版融合技术·编辑创新大赛第二赛季“出版融合·品牌营销奖”

《内蒙古自然资源少儿科普丛书 》（ 四册 ）入选 2021 年自然资源部优秀科普图书

内蒙古人民出版社积极拓展互联网和融媒体营销方式。2015 年，在京东网建立了内蒙古人民出版社网上自营平台，并配合内蒙古出版集团搭建了大 e 洋网电商平台；同年，开通了微信公众号运营平台。2019 年，开设了天猫旗舰店和抖音账号；同年，开启了纸声同步图书的融合探索。此外，还与当当、新华文轩等电商平台建立了合作关系。

京东图书专营店

微信公众号

天猫旗舰店

录制《铁肩》有声读物
（左起：史旭东、罗婧、石金莲）

2020 年，开通“小鹅通”视频直播销售平台。新冠疫情期间，适时推出“蓝焰会客厅”线上直播活动，保持了线上销售及与读者的联系。

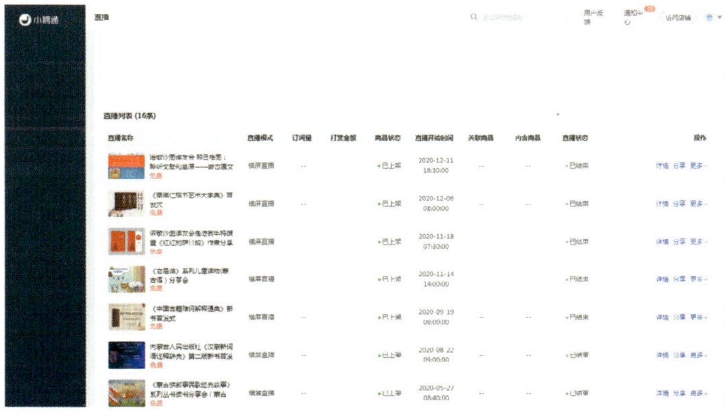

“小鹅通”直播平台

“蓝焰会客厅”直播荐书——“民族历史类图书”专场
（左起：高牧仁、史旭东）

“蓝焰会客厅”直播荐书——“蒙古文原创绘本‘暖太阳绘本馆’”专场
（左起：阿拉腾楚鲁、威利斯）

“蓝焰会客厅”直播荐书——“本土作者原创少儿图书”专场
（左起：于汇洋、张桂梅）

“蓝焰会客厅”直播荐书——汉文版“励志类图书”专场
（左起：白雪、韩鑫）

“蓝焰会客厅”直播——作者线上（远程）分享图书活动专场
（左起：《铁肩》作者王玉亮、主持人）

内蒙古人民出版社与喜马拉雅 APP 合作共同开发有声读物，2021 年共推出 6 套图书，实现平台播出盈利，上传的部分音频专辑播放量超过 25 万次。

2021 年与喜马拉雅 APP 合作推出的 6 套有声读物

2021 年 4 月至 6 月开展“书香沁人生”编辑荐书活动，编辑人员在线上向广大读者推介精品图书。

编辑孙红梅

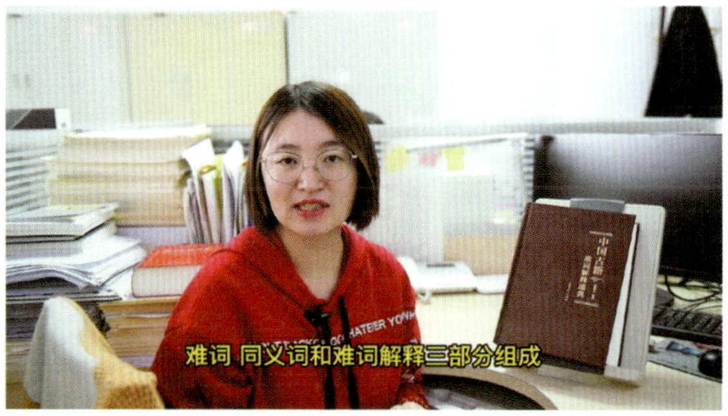

编辑段瑞昕

编辑陈宇琪

编辑王瑶

编辑蔺小英

编辑李月琪

编辑杜慧婧

编辑于汇洋

《潮洛濛》杂志

《潮洛濛》杂志创刊于1980年，是我国唯一刊登蒙古文中长篇小说的文学期刊。从1980年到2021年，《潮洛濛》共出版167期，累计发表长篇小说50多部，中篇小说170多部，电影文学、电视剧、戏剧作品16部，短篇小说、散文563篇，诗歌712首，评论73篇。其中，翻译汉文中长篇小说20多部，翻译外国中长篇小说20多部。

《潮洛濛》延伸产品

在《潮洛濛》杂志编辑部工作过的编辑合影

（第一排左起：铁柱、塔木苏荣；第二排左起：银莲、斯琴高娃、钢巴特尔、官布扎布、哈·纳仁朝克图、色旺吉格吉德、敖特根、金宝、吉儒木图、包龙山）

2015 年 8 月 14 日举办《潮洛濛》杂志创刊 35 周年纪念活动暨 2014 年度“潮洛濛”杯征文颁奖仪式。

《潮洛濛》文学季刊成果和经验交流分享

《潮洛濛》杂志编辑与征文比赛获奖作者代表合影

（左起：特日格勒、巴达拉胡、哈斯毕力格、阿丽雅、色旺吉格吉德、哈丽亚、阿拉腾楚鲁）

《潮洛濛》杂志编辑与老主任色旺吉格吉德（左四）及装帧设计师达楞古日布（左三）合影

2014 年度“潮洛濛”杯征文比赛获奖作者代表合影

（左起：斯日古楞、阿丽雅、巴达拉胡、乌兰哈达、扎·哈斯巴根）

参会人员合影

《潮洛濛》杂志编辑人员、主管领导与曾在《潮洛濛》杂志编辑部工作过的领导同仁合影

（第一排左起：吉儒木图、金宝、色旺吉格吉德、铁柱、哈・纳仁朝克图、塔木苏荣、斯琴高娃、敖特根）

（第二排左起：特日格勒、哈斯毕力格、贵荣、包龙山、钢巴特尔、哈丽亚、阿拉腾楚鲁）

2017年9月1日举办“《潮洛濛》原创精品丛书”出版发布暨作者读者见面会。

《潮洛濛》杂志编辑部主任哈斯毕力格主持活动

内蒙古人民出版社党委书记、社长吉日木图讲话

内蒙古人民出版社副总编辑、《潮洛濛》杂志总编辑贵荣讲话

活动现场

“《潮洛濛》原创精品丛书”编辑、作者、读者代表合影

（第一排左起：罗布生、包龙山、嘎·西日胡、乌仁赛汉、德力格尔、色旺吉格吉德、贵荣、阿云嘎、巴达拉胡、金宝、吉儒木图）

（第二排左起：敖特根、哈丽亚、娜日格勒、阿拉腾楚鲁、特日格勒、乌日勒其、乌兰哈达、哈斯毕力格）

《内蒙古少年报》

《内蒙古少年报》创办于1997年，是内蒙古自治区乃至全国唯一的蒙古文少年儿童报纸，为蒙古语授课的中小学生提供了一扇开发智力、认识世界的窗口，在加强和改进蒙古族未成年人思想道德建设、推进蒙古族少年儿童思想教育工作方面发挥了不可替代的作用。自创刊以来，《内蒙古少年报》有数十篇新闻报道获得全国和自治区蒙古文报刊新闻奖一、二、三等奖。2012年《内蒙古少年报》划归内蒙古日报社主管主办。

官布扎布

孟和

色仍淖尔布

南丁

包龙山

王淑琴

历任编辑

《内蒙古少年报》（蒙古文）

《品位·经典》期刊

《品位·经典》期刊前身为《少年时空》，于2000年正式创刊，2008年更名为《品位·经典》，由内蒙古人民出版社主管主办。《品位·经典》以介绍、传播“贴近群众、贴近生活、贴近实际”的高质量经典文化艺术为主，旨在引导读者树立正确的人生观和价值观，在解读经典中提高文化品位。

《保健文汇》期刊

《保健文汇》期刊创刊于 2000 年，是由内蒙古自治区新闻出版局主管、内蒙古人民出版社主办的医学保健类期刊，内容涵盖营养保健、健康教育、心理健康等多个领域，以普及医疗及养生保健知识、服务群众生活为宗旨。《保健文汇》期刊与中国知网、万方数据库等网络平台合作，截至 2021 年，刊登论文 1.7 万余篇，总下载量 40 余万次。

内蒙古卓林文化创意产业有限公司

内蒙古人民出版社图文设计制作有限公司（简称“图文公司”）和内蒙古卓林文化产业有限公司于2014年注册成立，内蒙古卓林文化产业有限公司的主要业务于2020年归并到图文公司，同年，图文公司变更为内蒙古卓林文化创意产业有限公司，主要业务为书刊版式设计与制作、印刷品制作与包装、广告、教育咨询、文化艺术培训、知识产权服务、互联网服务、文创产品开发等。

公司员工与部分董事会、监事会人员合影

（前排左起：海日瀚、石金莲、王静、茂尼）

（中排左起：咏梅、翟晓娟、吉雅、李琳、乌仁、杨冬梅、龙梅）

（后排左起：安立新、刘那日苏、包铁柱、宝音图）

设计排版

印刷、制作设备

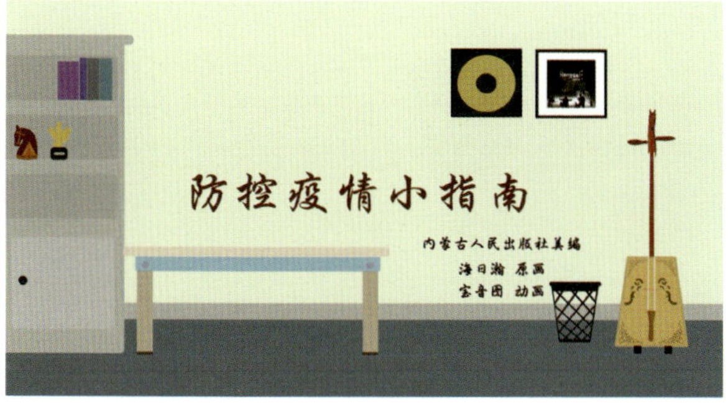

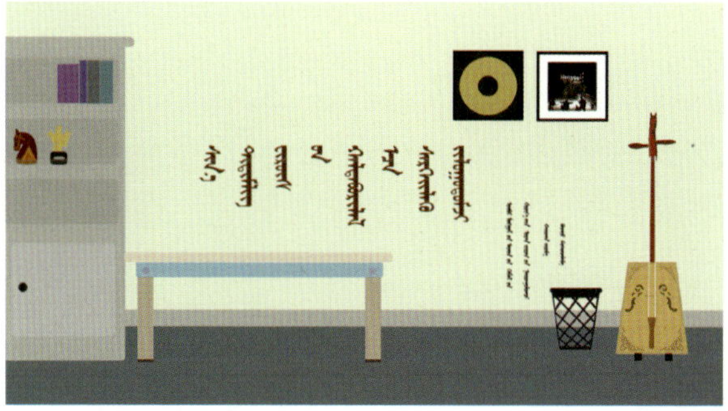

荣誉证书

HONORARY CREDENTIAL

内蒙古人民出版社：

你单位报送的《防控疫情小指南》（蒙汉双语）入选第十届中国数字出版博览会出版战“疫”数字内容精品展。

特发此证。

2020 年 12 月，公司推出的动画宣传片《防控疫情小指南》（蒙汉双语）入选第十届中国数字出版博览会出版战“疫”数字内容精品展

文创产品

环保包

（图案选自内蒙古人民出版社出版的画册中的精美插图）

笔记本

（内页纸张采用缝线工艺，不易掉页）

岩画金胎杯

（创意灵感来源于曼德拉山上的远古岩画，在丰盈温润的骨瓷上以线条勾勒出岩画图像）

香片挂件

（从多种植物萃取木质花香调、成熟木质调、活力海洋调、魅力花香调、热带雨林调五种香型）

蒙古五宝系列书签

（用多种颜色混搭，由上等纸浆制作而成）

戒指绒围巾

（精选 16 微米优质驼羔绒制成，薄如蝉翼，柔顺丝滑）

1990 年 2 月，内蒙古人民出版社领导与台湾华一出版公司商谈版权事宜

1991 年 4 月，时任内蒙古人民出版社副社长托娅（左三）一行在蒙古国与蒙古国国家出版社总编辑苏格尔（左六）、社长包尔汗（左四）商谈版权事宜

2016 年 3 月 26 日，内蒙古人民出版社与蒙古国社会科学院签订《蒙古语详解大词典》版权引进合同后，有关领导和来宾合影

2016 年 7 月，第二十六届全国图书交易博览会在包头市举行。内蒙古人民出版社与蒙古国、欧盟有关机构和人员举行了版权输出引进、合作出版签约仪式。

内蒙古人民出版社党委书记、社长吉日木图与蒙古国作者商谈版权事宜

内蒙古人民出版社党委书记、社长吉日木图与蒙古国作者策・官布苏荣签订版权引进合同

内蒙古人民出版社党委书记、社长吉日木图与蒙古国作者门德奥瑶签订版权引进合同

内蒙古自治区新闻出版广电局、内蒙古出版集团、内蒙古人民出版社领导与蒙古国作者在签约仪式上合影

内蒙古自治区农牧业厅、内蒙古自治区新闻出版广电局、内蒙古出版集团、内蒙古人民出版社领导与欧盟中国经济文化委员会代表在合作出版签约仪式上合影

2016 年 9 月 14 日，内蒙古人民出版社副总编辑贵荣（左二）与日本著名蒙古学家莲见志雄教授在东京商谈版权事宜

2017 年 1 月 11 日，内蒙古人民出版社国际合作出版中心主任色仍淖尔布（左三）与蒙古国作者巴布尔（左二）等商谈版权事宜

2017 年 1 月 12 日，内蒙古人民出版社国际合作出版中心与蒙古国 BOLOR SUDAR 出版社签订版权合同

2017 年 1 月 17 日，内蒙古人民出版社国际合作出版中心主任色仍淖尔布（左一）与蒙古国乌兰巴托大学领导、老师商谈版权事宜

2018 年 12 月 3 日，内蒙古人民出版社副总编辑贵荣（左二）和蒙古学出版中心主任那日苏（左三）在匈牙利商谈版权引进事宜。匈牙利国家图书馆研究员贝吉・朱迪（左四）和剌克斯・阿提拉博士（左五）介绍蒙古文文献收藏情况

2018 年 12 月 3 日，内蒙古人民出版社副总编辑贵荣（左四）与匈牙利国家图书馆东方研究所所长克莱圣依・阿格涅什博士（左三）、国际蒙古学会主席比尔塔兰・阿格涅什教授（左二）和剌克斯・阿提拉博士（左一）商谈影印出版蒙古文文献事宜

2018 年 12 月 5 日，内蒙古人民出版社副总编辑贵荣（左二）一行与捷克共和国查理大学图书馆馆长克拉拉・罗丝丽洛娃（左五）、查理大学蒙古学家翁德拉・斯尔巴博士（左三）等相关人员商谈蒙古文文献引进事宜

2018 年 12 月 9 日，内蒙古人民出版社副总编辑贵荣（左二）、国际合作出版中心主任色仍淖尔布（左四）、蒙古学出版中心主任那日苏（左三）与波兰华沙大学蒙古学专家阿嘎达教授（左一）商谈版权引进事宜

1988年，蒙古国国家书店经理冈戈尔（右四）一行来社参观交流

1990年3月，蒙古国国家出版社总编辑苏格尔（左三）一行来社参观交流

1990年，蒙古国国家书店副经理贡其格（左二）一行来社参观交流

2015年5月29日，内蒙古人民出版社副总编辑贵荣（左一）在参加美国纽约书展期间向联合国文化处赠送内蒙古人民出版社出版的部分图书

2017年8月7日至15日，内蒙古人民出版社副总编辑贵荣一行分别赴俄罗斯布里亚特共和国国家图书馆木刻版中心与俄罗斯科学院东方文献研究所调研。上图为在俄罗斯布里亚特共和国国家图书馆木刻版中心调研。

（左一：蒙古学出版中心编辑赛音朝格图；左二：国际合作出版中心主任色仍淖尔布；左三：贵荣；左四：布里亚特共和国科学院院长巴扎若夫；左五：布里亚特共和国科学院研究员达木丁；左六：翻译成吉思；左七：布里亚特共和国国家图书馆蒙古文文献所所长策木吉德）

应波波娃女士邀请，2017年8月14日，内蒙古人民出版社副总编辑贵荣（前排左一）一行在俄罗斯科学院东方文献研究所商谈东方学方面简体版图书翻译出版等项目

（一排左二：俄罗斯科学院东方文献研究所研究员、所长，陕西师范大学客座教授，中国外籍长江学者波波娃女士）

2019 年，在蒙古国国立教育大学、蒙古国国家少儿图书馆、蒙古国乌兰巴托大学共建首批“中国图书阅览室”，内蒙古自治区党委宣传部、内蒙古出版集团和内蒙古人民出版社领导出席挂牌剪彩仪式。与蒙古国共建的“中国图书阅览室”项目被列入中宣部“中华文化走出去重点扶持项目”并获得资助。

蒙古国国立教育大学“中国图书阅览室”挂牌剪彩仪式

在蒙古国国立教育大学中蒙双方出席活动的领导和嘉宾合影

蒙古国国家少儿图书馆“中国图书阅览室”挂牌剪彩仪式

在蒙古国乌兰巴托大学“中国图书阅览室”挂牌剪彩仪式上学生表演舞蹈

2017 年 4 月 19 日，辽海出版社总编辑周北鹤（左三）一行来社调研交流

2019 年 3 月 20 日，波兰、日本蒙古学学者来社考察交流

2019 年 3 月 20 日，新疆宣传文化及出版界领导在内蒙古出版集团领导陪同下来社考察交流

2019 年 6 月 18 日，社属内蒙古卓林文化产业有限公司与内蒙古长方平教育科技有限公司合作运营的“内蒙古中小学馆配图书服务中心”揭牌仪式在社内举行。中国教育装备行业协会、人民东方出版传媒有限公司、人民时代教育科技有限公司、内蒙古自治区党委宣传部出版印刷发行处、内蒙古自治区教育厅教育装备中心、内蒙古出版集团、内蒙古新华发行集团、内蒙古长方平教育科技有限公司、乌兰察布市商都高级中学等单位的领导出席活动。内蒙古中小学馆配图书服务中心为开拓中小学馆配图书市场搭建了重要平台。

中国教育装备行业协会副会长、全国工商联执委、全国工商联书业商会会长马晓峰（左二）和内蒙古人民出版社党委书记、社长吉日木图（左三）为“内蒙古中小学馆配图书服务中心”揭牌

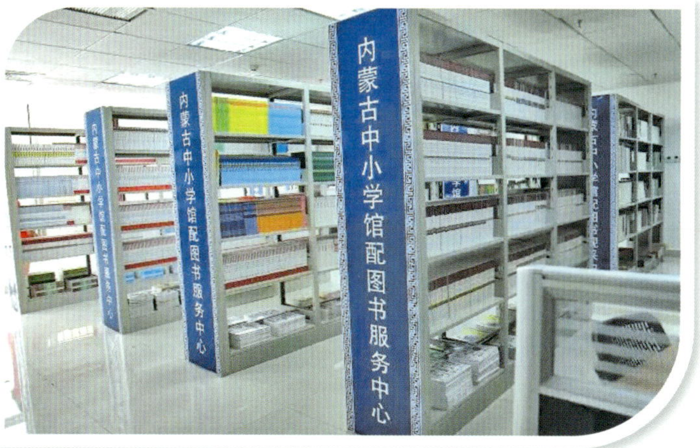

内蒙古中小学馆配图书服务中心

出席活动的领导和嘉宾合影

2009年9月3日，承办中国版协青年读物工作委员会第十二届年会，参会人员合影

2015 年 8 月 12 日，承办第 17 届北方 15 省（市）区优秀文艺图书评奖会，参会人员合影

2021年9月17日至9月19日，北方16省、市、自治区第31届哲学、社会科学优秀图书、论文评奖会在内蒙古呼和浩特市举行，会议由内蒙古人民出版社承办。辽宁、吉林、天津、河北、山西、山东、陕西、宁夏、青海等省、市、自治区18家出版单位的40多名代表参加了会议。

会议现场

参会人员合影

2021 年 9 月 18 日，18 家出版单位联合向四子王旗蒙古族中学捐赠精品图书

七秩风雨路，蹈历新征程。内蒙古人民出版社秉持公平公开公正，广纳各类贤才；立足社情社况，完善管理机制；坚持以人为本，科学搭建梯队。推竞聘，展特长；抓培训，提技能；精策划，拓市场；严制度，强管理。组织运行井然有序，管理效能稳步提升。

陆

集思广益 强化管理

公推竞聘社领导副职大会

组织编辑业务人员招聘考试

组织科级干部竞聘会议

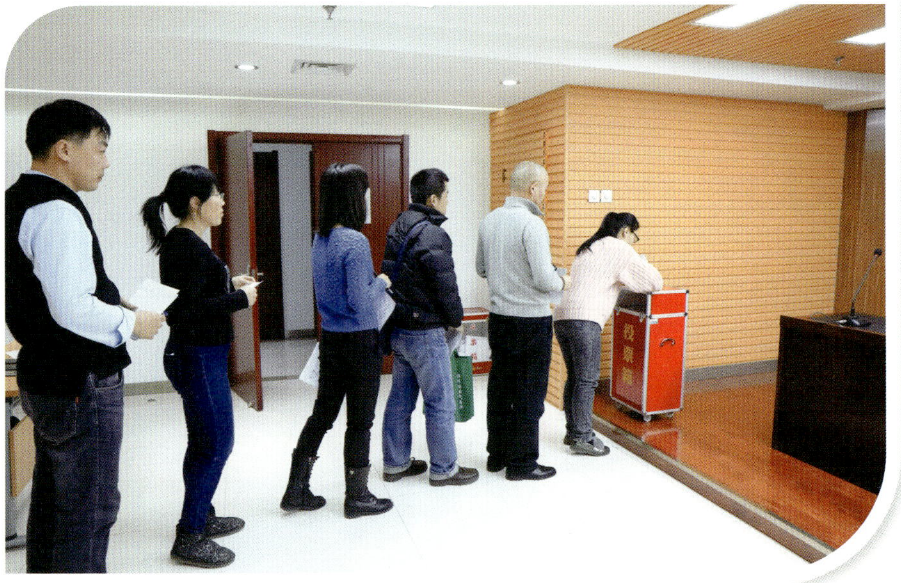

职工为竞聘人员投票

2010 年 6 月，组织职工赴上海学习考察时合影

2012 年 7 月 24 日，邀请人民出版社副总编辑张小平作《编辑的含金量在哪里》专题讲座

2017 年 3 月底 4 月初，组织职工赴浙江人民出版社进行跟岗学习培训

2017 年 10 月 31 日，邀请内蒙古党校哲学部主任马桂英作《努力增强马克思主义哲学看家本领》专题讲座

2018 年 5 月 11 日，开展社内中层干部培训

2018 年 6 月 5 日，全社职工参观廉政教育展

2018 年 6 月 8 日，召开编务人员外出考察报告交流会

2018 年 6 月 22 日，组织退休职工赴乌兰夫纪念馆参观学习时合影

2021 年 3 月 12 日，组织编辑参加现代纸书业务培训

2021 年 4 月 6 日，邀请内蒙古党校法学教研部李丰作《全面贯彻实施宪法和民族区域自治法，铸牢中华民族共同体意识》专题讲座

召开年度社领导班子及成员考核大会

召开年度干部职工述职考核会议

召开党支部书记述职会议

召开年度党建、党风廉政建设暨纪检、意识形态工作会议

社简志、员工手册、调研报告及年度工作总结汇编

七秩青春色，拼搏展英姿。内蒙古人民出版社是才艺展现之舞台，梦想起航之港湾。干事创业敢担当，文体活动不逊色。文娱台上气势如虹，群英唱响时代经典；竞技场上各展风采，凝心聚力尽显风范。

柒

意气风发
活力无限

1988 年职工参加新年联欢会合影

早期的文艺联欢会

在庆祝建党 80 周年大会上，部分职工进行合唱表演

2009 年，选派职工参加内蒙古自治区宣传文化系统职工文艺汇演

2012 年 12 月 24 日，举办迎新年联谊晚会

2013 年 7 月 1 日，职工参加内蒙古出版集团举办的“感党恩　颂祖国　赞家乡”庆“七一”职工歌咏比赛

2016 年 7 月 1 日，职工参加内蒙古出版集团举办的庆祝中国共产党建党 95 周年暨中国工农红军长征胜利 80 周年大合唱活动

2019 年 1 月 24 日，时任内蒙古自治区党委常委、宣传部部长白玉刚（二排左四）和内蒙古人民出版社领导班子成员与参加第十届区直宣传文化系统职工文艺汇演的职工合影

2018 年 2 月 9 日，原创舞剧《出版人的一天》在内蒙古自治区党委宣传部主办的第九届区直宣传文化系统职工文艺汇演中荣获“创新节目奖”

2019年5月10日，为庆祝新中国70华诞、纪念五四运动100周年，社内职工录制《我和我的祖国》快闪视频

2019 年 12 月 20 日，职工参加内蒙古出版集团成立十周年庆祝大会并表演文艺节目

2021 年 1 月 19 日，内蒙古人民出版社和内蒙古广播电视台、内蒙古文联、内蒙古公安文联共同举办“在党的旗帜下”2021 新春诗会

2021 年 4 月 22 日，内蒙古人民出版社联合内蒙古广播电视台评书曲艺广播、内蒙古新华书店共同举办“学习百年党史 赓续红色精神”经典诵读活动，参与单位领导和部分参加诵读人员合影

2021 年 6 月 26 日，职工参加内蒙古出版集团举办的“学党史 阅经典 守初心”红色经典朗诵比赛获得二等奖

2021年7月9日，职工参加内蒙古出版集团庆祝中国共产党成立100周年“唱支赞歌给党听”合唱比赛获得二等奖

1991 年，职工参加内蒙古自治区直属机关门球百队大赛

2009 年 9 月 11 日，职工参加内蒙古自治区宣传文化系统职工运动会

2015年6月，职工参加内蒙古出版集团组织的“共筑足球梦 打造祖国北疆亮丽风景线”足球赛获得第二名

2017 年 5 月 12 日，职工参加内蒙古出版集团团委组织的“弘扬五四精神 展现青春活力 助力北疆出版”运动会，获得跳绳比赛团体第一名、拔河比赛团体第一名和精神文明奖

2019 年 9 月，职工参加“集团 10 年 因为有你”内蒙古出版集团首届职工运动会，获得团体二等奖和篮球赛（男子）第一名

2020 年 10 月，职工参加内蒙古出版集团第二届职工运动会，获得团体二等奖、篮球赛（男子）第一名、排球赛（混合）第三名、羽毛球赛混双第一名和男双第二名

七秩激荡曲，唱响新时代。春华秋实结硕果，继往开来拓新篇。成绩，是辛勤汗水的结晶；荣誉，是披荆斩棘的见证。七十年来，内蒙古人民出版社踔厉奋发，笃行不怠，以匠心致意初心，书写绚丽华章；以经典致敬岁月，赓续历史荣光。

捌

追求卓越
争创一流

实施“草原书屋”工程
先进单位
内蒙古新闻出版局
2011.2

内蒙古自治区直属宣传文化系统
职工迎新年文艺演出
组织工作奖
中共内蒙古自治区委员会宣传部
二〇〇七年十二月

全民阅读活动优秀项目
中央宣传部 新闻出版总署
2009年11月

全区宣传思想文化工作
创新奖
中共内蒙古自治区委员会宣传部
二〇一二年一月

内蒙古自治区民族团结进步
模范集体
2012.9

乌兰夫蒙古语言文字奖先进集体
内蒙古自治区民族事务委员会 乌兰夫基金会
2012.12

2012
奖给：二〇一二年度东风路地区社会工作
实绩突出单位
东风路街道党工委
东风路街道办事处
二〇一三年四月

纪念中国共产党成立95周年暨中国工农红军长征胜利80周年合唱活动
最佳表演奖
中共内蒙古出版集团有限责任公司委员会
二〇一六年七月一日

2016草原阅读季全民阅读
先进集体
内蒙古自治区新闻出版广电局
2016年12月

凝心聚力·逐梦前行
第八届区直宣传文化系统职工文艺汇演
最佳表演奖
中共内蒙古自治区委员会宣传部
二〇一七年一月二十五日

授予：内蒙古人民出版社
全国版权示范单位
中华人民共和国国家版权局
二〇一七年十月

2017年度脱贫攻坚
先进驻村工作队

内蒙古出版集团首届职工运动会
团体二等奖
内蒙古出版集团工会委员会
2019年9月

荣誉証書

内蒙古人民出版社：

贵社在首届当代少数民族文学研究评奖中荣获　园丁奖　，特发此证。

首届当代少数民族文学研究奖
评　委　会
1990年8月26日

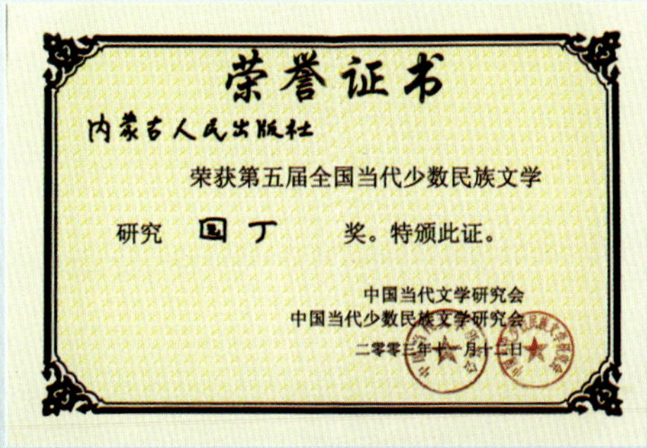
荣誉证书

内蒙古人民出版社

荣获第五届全国当代少数民族文学研究　园丁　奖。特颁此证。

中国当代文学研究会
中国当代少数民族文学研究会
二零零三年十一月十二日

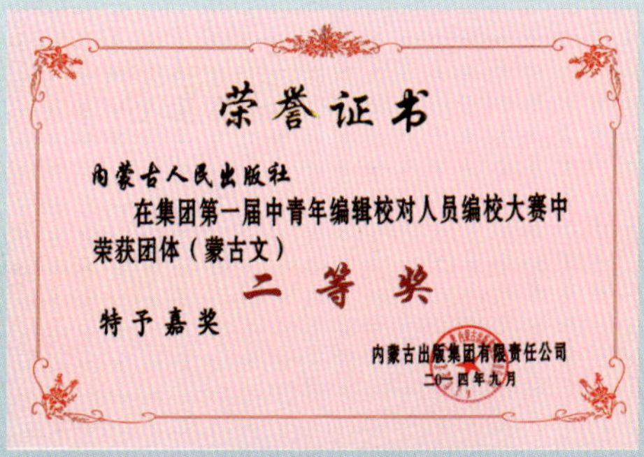
荣誉证书

内蒙古人民出版社

在集团第一届中青年编辑校对人员编校大赛中荣获团体（蒙古文）

二等奖

特予嘉奖

内蒙古出版集团有限责任公司
二〇一四年九月

荣誉证书
HONORARY CREDENTIAL

内蒙古人民出版社：

你单位被评为2016草原阅读季全民阅读先进集体。

特颁此证，以资鼓励

内蒙古自治区新闻出版广电局
二〇一六年十二月

内蒙古人民出版社荣获
园丁奖
青海省少数
民族文学研究奖
评委会

赠：内蒙古人民出版社
经笥充栋宇
书香飘军营
中国人民解放军九三七六四部队
二〇一六年二月

赠：内蒙古出版社扶贫工作队
情系百姓
扶贫济困
察右后旗大六号村全体村民
2016.12.18

赠：内蒙古人民出版社
情系基层满满爱
书润草原缕缕香
阿巴嘎旗图书馆
二零一七年八月

2017.8.14

赠：内蒙古人民出版社
倾情帮扶为群众
产业发展谋新篇
中共大六号镇委员会
大六号镇人民政府
二〇一九年四月十八日

敬赠：内蒙古人民出版社
真心捐赠传承红色基因
爱心关怀传播科学知识
内蒙古乌拉特前旗西小召小学
二〇二一年五月二十七日

《内蒙古大辞典》一书
被评为1991年度精神产品生产
"五个一工程"入选作品
特发此证
中共中央宣传部
内蒙古大辞典

奖状
《民族团结教育读本》试用本 获1992年度精神产品生产"五个一工程"入选作品奖。
中共中央宣传部
内蒙古自治区小学
民族团结教育读本
"五个一工程"获奖图书
内蒙古人民出版社

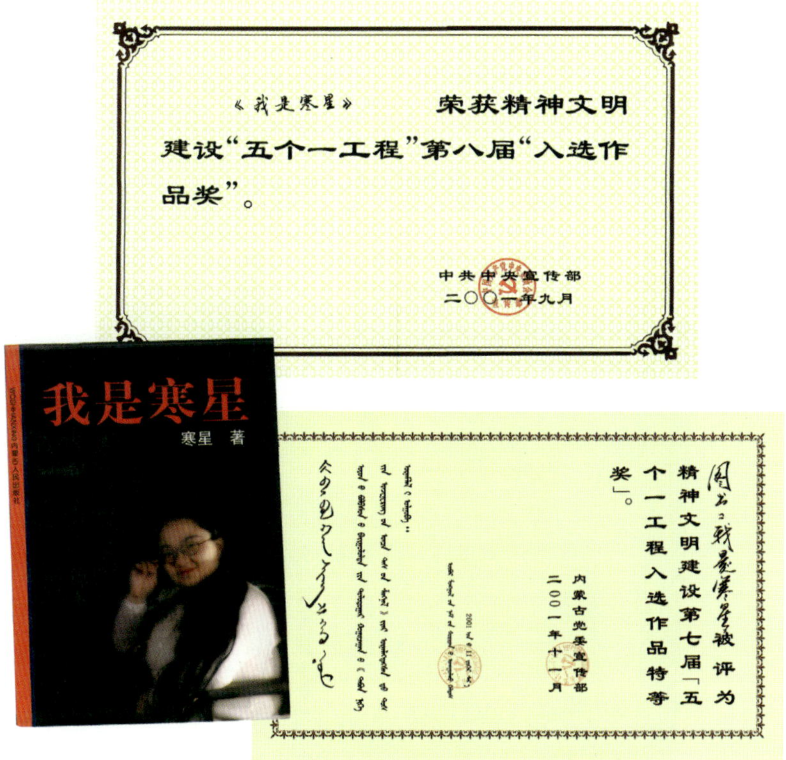
《我是寒星》 荣获精神文明建设"五个一工程"第八届"入选作品奖"。
中共中央宣传部
二〇〇一年九月
我是寒星
寒星 著
图书《我是寒星》被评为精神文明建设第七届「五个一工程入选作品特等奖」。
内蒙古党委宣传部
二〇〇一年十一月

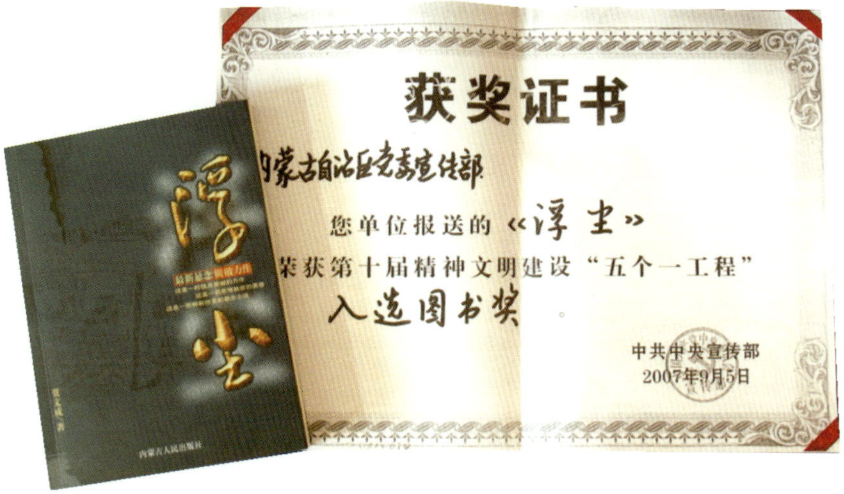
获奖证书
内蒙古自治区党委宣传部
您单位报送的《浮尘》
荣获第十届精神文明建设"五个一工程"
入选图书奖
中共中央宣传部
2007年9月5日
浮尘
内蒙古人民出版社

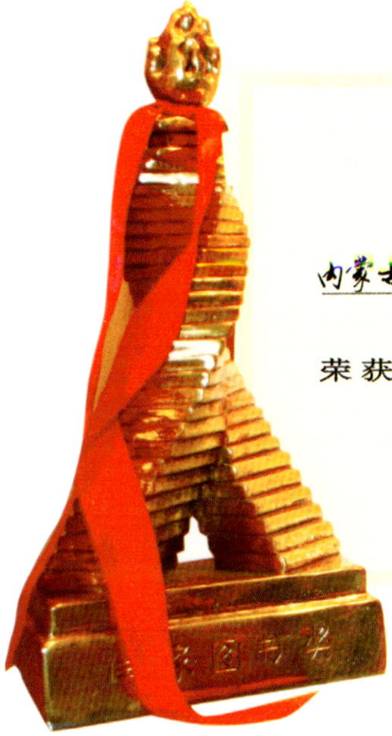

国家图书奖
获奖证书
内蒙古人民出版社：
你社出版的《〈蒙古秘史〉新译原本（蒙文）》一书荣获第一届国家图书奖。特颁此证。
中华人民共和国新闻出版署
一九九四年一月

国家图书奖
获奖证书
内蒙古人民出版社：
你社出版的《成吉思汗史记（蒙文）》一书荣获第一届国家图书奖提名奖。特颁此证。
中华人民共和国新闻出版署
一九九四年一月

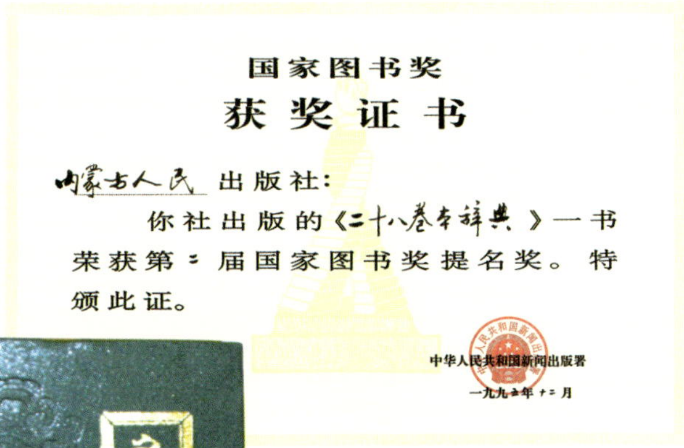
国家图书奖
获奖证书
内蒙古人民出版社：
你社出版的《二十八卷本辞典》一书荣获第二届国家图书奖提名奖。特颁此证。
中华人民共和国新闻出版署
一九九五年十二月

国家图书奖
获奖证书
内蒙古人民 出版社：
你社出版的《防治"非典"指南》
一书荣获第六届国家图书奖特别奖。
特颁此证。
中华人民共和国新闻出版总署
二○○三年十二月
防治"非典"指南
《防治"非典"指南》编委会 编

国家图书奖
获奖证书
内蒙古人民 出版社：
你社出版的《蒙古学百科全书·医学卷》
一书荣获第六届国家图书奖提名奖。
特颁此证。
中华人民共和国新闻出版总署
二○○三年十二月
ENCYCLOPAEDIA OF MONGOLOLOGY
蒙古学百科全书
第六届中国民族图书奖
一等奖
2003·北京
中华人民共和国国家民族事务委员会
中华人民共和国新闻出版总署

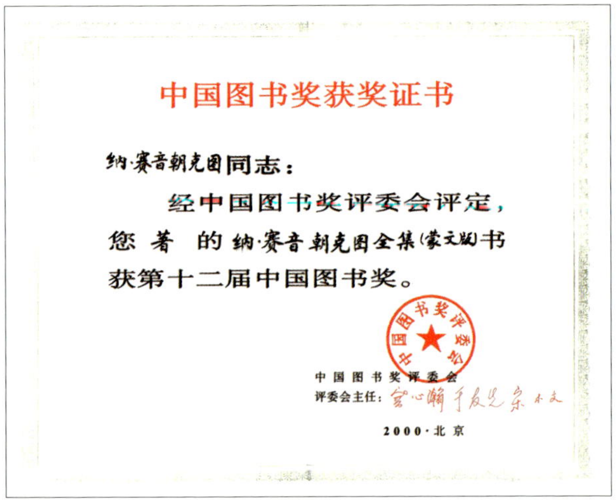
中国图书奖获奖证书
纳·赛音朝克图同志：
经中国图书奖评委会评定，
您 著 的纳·赛音朝克图全集(蒙文版)书
获第十二届中国图书奖。
中国图书奖评委会
评委会主任：
2000·北京

获奖证书
内蒙古人民出版社
你社的《纳·赛音朝克图全集(共8卷)》一书
荣获第五届中国民族图书奖一等奖
特颁此证。
中华人民共和国国家民族事务委员会

第五届中国民族图书奖
一等奖
2001·北京
中华人民共和国国家民族事务委员会
中华人民共和国新闻出版总署

中国图书奖
CHINA BOOK PRIZE
内蒙古人民出版社：
你社出版的《纳·赛音朝克图全集(蒙文版)》荣获第十二届中国图书奖

中国图书奖
CHINA BOOK PRIZE
第十二届中国图书奖
获奖证书
中国图书奖评委会
2000·北京

第二届中国出版政府奖
费孝通全集
证书
内蒙古人民出版社：
你单位出版的《费孝通全集》荣获第二届中国出版政府奖 图书奖。
特颁此证。
中华人民共和国新闻出版总署
二〇一〇年十二月

第四届中国出版政府奖
证书
内蒙古人民出版社：
你单位出版的《蒙古医学古籍经典（蒙古文）》荣获第四届中国出版政府奖图书奖。
特颁此证
国家新闻出版广电总局

获奖证书
内蒙古人民出版社：
你社的《中国少数民族民俗大辞典》一书
荣获第三届中国民族图书奖三等奖
特颁此证。
中国少数民族
民俗大辞典

获奖证书
内蒙古人民出版社
你社的《蒙古人的生命崇拜》一书
荣获第四届中国民族图书奖二等奖
特颁此证。
二等奖

获奖证书
内蒙古人民出版社：
你社的《中国民族区域自治50年》一书
荣获第四届中国民族图书奖三等奖
特颁此证。
三等奖
中国民族区域
自治50年

第四届中华优秀出版物奖
图书奖
获奖证书

获奖证书
内蒙古人民出版社：
你单位出版的《尹湛纳希全集（蒙古文7卷　汉文5卷）》荣获第四届中华优秀出版物奖图书奖。
特颁此证书。
中国出版协会

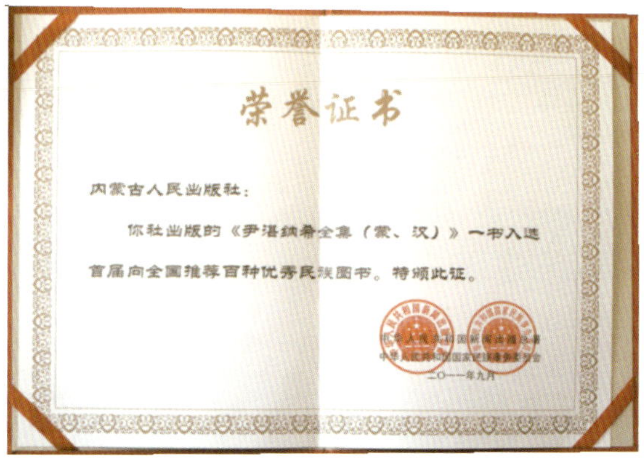
荣誉证书
内蒙古人民出版社：
你社出版的《尹湛纳希全集（蒙、汉）》一书入选首届向全国推荐百种优秀民族图书。特颁此证。
二〇一一年九月

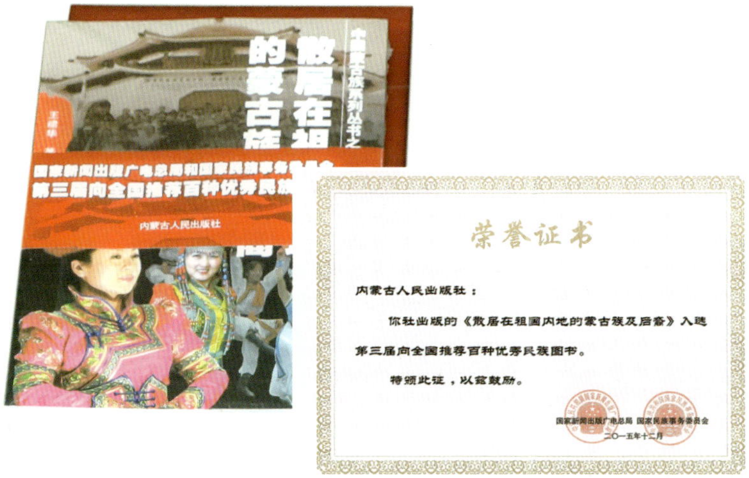
散居在祖国内地的蒙古族
第三届向全国推荐百种优秀民族图书
内蒙古人民出版社
荣誉证书
内蒙古人民出版社：
你社出版的《散居在祖国内地的蒙古族及后裔》入选第三届向全国推荐百种优秀民族图书。
特颁此证，以资鼓励。
国家新闻出版广电总局　国家民族事务委员会
二〇一五年十二月

让孩子远离校园霸凌
一本写给学生家长的安心之书！
荣誉证书
HONORARY CREDENTIAL
内蒙古人民出版社：
你社出版的《让孩子远离校园霸凌》（闫昕辉，薛梅 著/编 责任编辑：罗婧），在中央宣传部、农业农村部组织的2019新时代乡村阅读季活动中，入选2019“农民喜爱的百种图书”。
特发证书，以资鼓励。
中国新闻出版传媒集团
二〇一九年十一月

★ 获奖图书

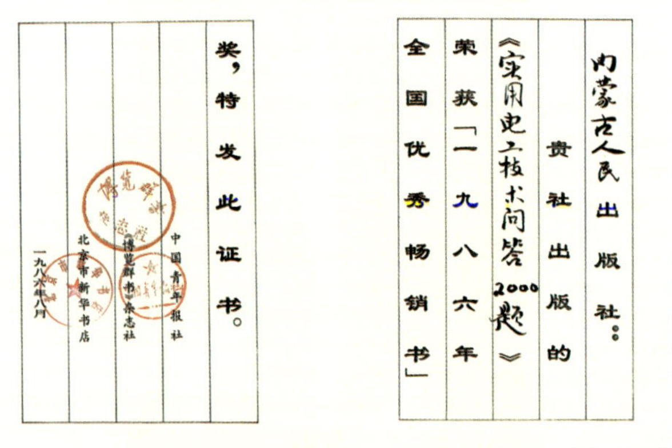
内蒙古人民出版社：
贵社出版的《实用电工技术问答2000题》
荣获「一九八六年全国优秀畅销书」
奖，特发此证书。
中国青年报社
《博览群书》杂志社
北京市新华书店
一九八六年八月

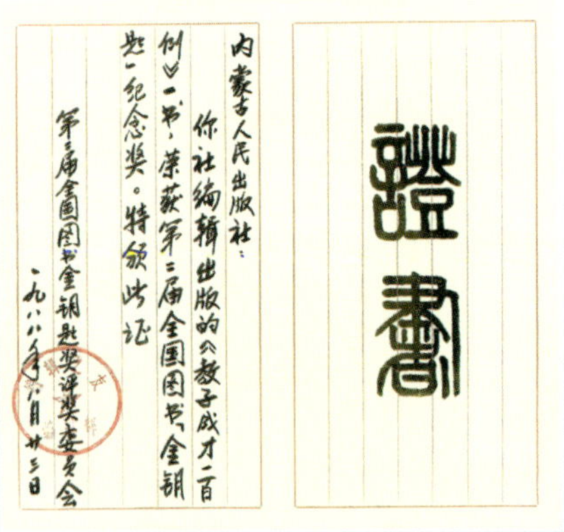
證書
内蒙古人民出版社：
你社编辑出版的《教子成才一百例》一书，荣获第二届全国图书"金钥匙"纪念奖。特颁此证
第二届全国图书金钥匙奖评委会
一九八八年六月廿三日

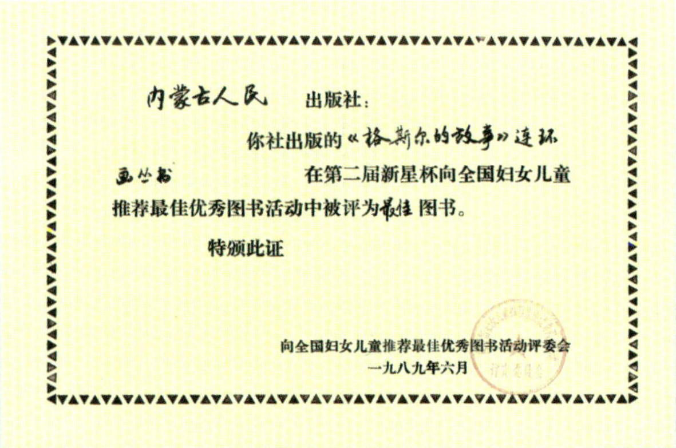
内蒙古人民 出版社：
你社出版的《格斯尔的故事》连环画丛书 在第二届新星杯向全国妇女儿童推荐最佳优秀图书活动中被评为最佳 图书。
特颁此证
向全国妇女儿童推荐最佳优秀图书活动评委会
一九八九年六月

内蒙古人民 出版社：
你社出版的《美丽青城》、《生活启示录》 在第二届新星杯向全国妇女儿童推荐最佳优秀图书活动中被评为优秀 图书。
特颁此证
向全国妇女儿童推荐最佳优秀图书活动评委会
一九八九年六月

内蒙古人民 出版社：
你社出版的《儿童近视远视斜视弱视的防治》 在第二届新星杯向全国妇女儿童推荐最佳优秀图书活动中被评为优秀 图书。
特颁此证
向全国妇女儿童推荐最佳优秀图书活动评委会
一九八九年六月

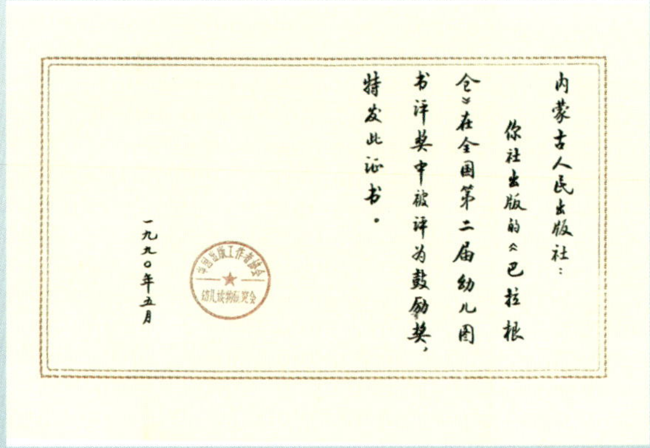
内蒙古人民出版社：
你社出版的《巴拉根仓》在全国第二届幼儿图书评奖中被评为鼓励奖，特发此证书。
一九九〇年五月

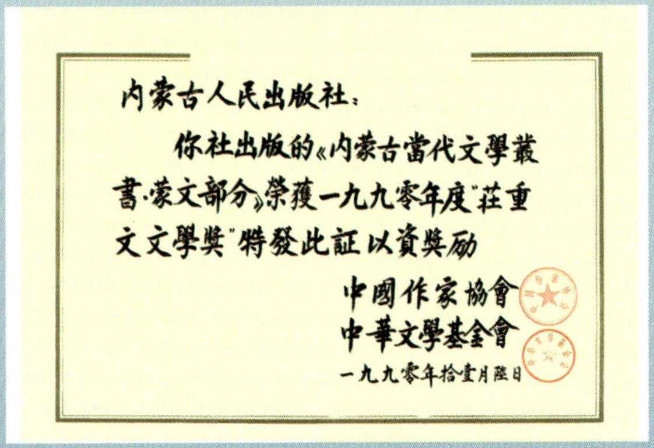
內蒙古人民出版社：
你社出版的《內蒙古當代文學叢書·蒙文部分》榮獲一九九零年度"莊重文文學獎"特發此証以資獎励
中國作家協會
中華文學基金會
一九九零年拾壹月陆日

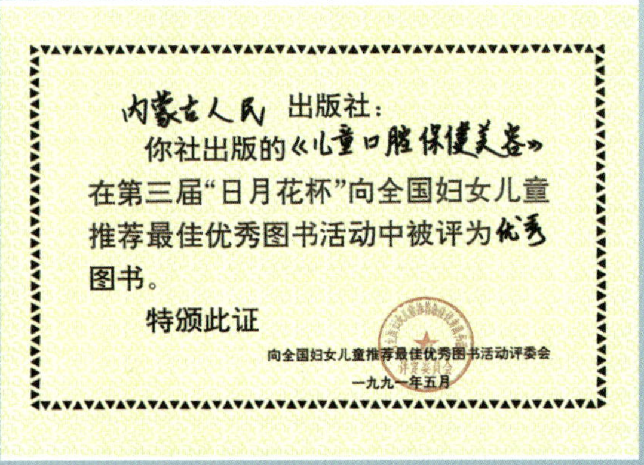
内蒙古人民 出版社：
你社出版的《儿童口腔保健美容》在第三届"日月花杯"向全国妇女儿童推荐最佳优秀图书活动中被评为优秀图书。
特颁此证
向全国妇女儿童推荐最佳优秀图书活动评委会
一九九一年五月

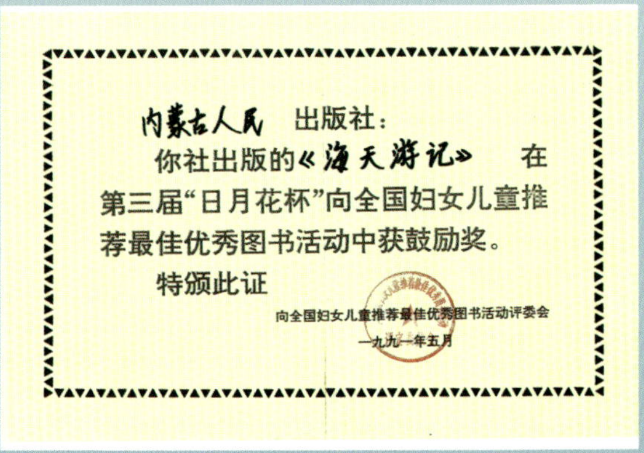
内蒙古人民 出版社：
你社出版的《海天游记》 在第三届"日月花杯"向全国妇女儿童推荐最佳优秀图书活动中获鼓励奖。
特颁此证
向全国妇女儿童推荐最佳优秀图书活动评委会
一九九一年五月

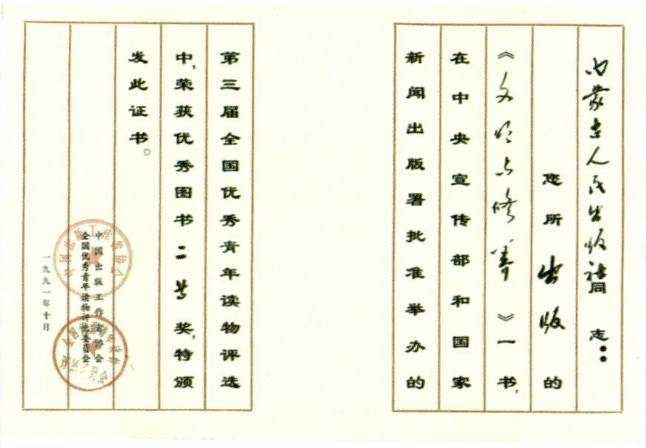
内蒙古人民出版社同志：

您所出版的《[illegible]》一书，在中央宣传部和国家新闻出版署批准举办的第三届全国优秀青年读物评选中，荣获优秀图书二等奖，特颁发此证书。

一九九一年十月

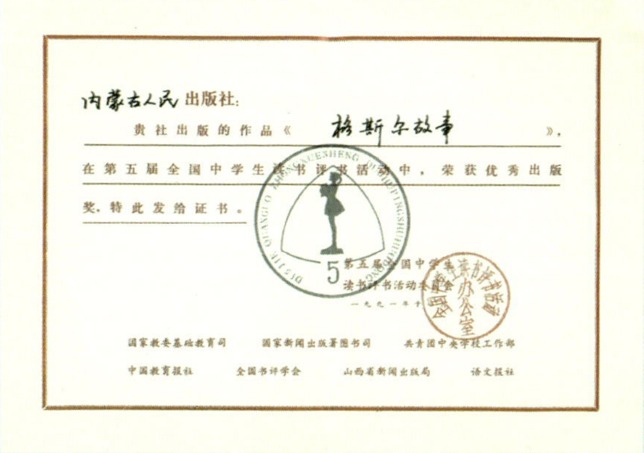
内蒙古人民出版社：

贵社出版的作品《格斯尔故事》，在第五届全国中学生读书评书活动中，荣获优秀出版奖，特此发给证书。

第五届全国中学生读书评书活动委员会
一九九一年十

国家教委基础教育司 国家新闻出版署图书司 共青团中央学校工作部
中国教育报社 全国书评学会 山西省新闻出版局 语文报社

内蒙古人民出版社出版的年画《那达慕归来》荣获首届（1980－1990）中国优秀美术图书奖铜奖

中华人民共和国新闻出版署
1991年10月北京

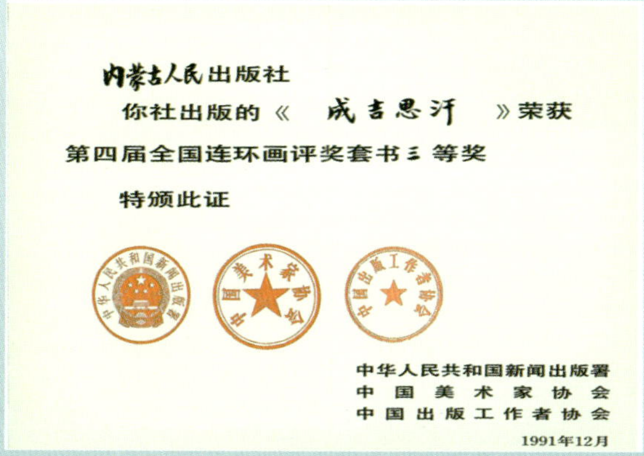
内蒙古人民出版社

你社出版的《成吉思汗》荣获第四届全国连环画评奖套书三等奖

特颁此证

中华人民共和国新闻出版署
中国美术家协会
中国出版工作者协会
1991年12月

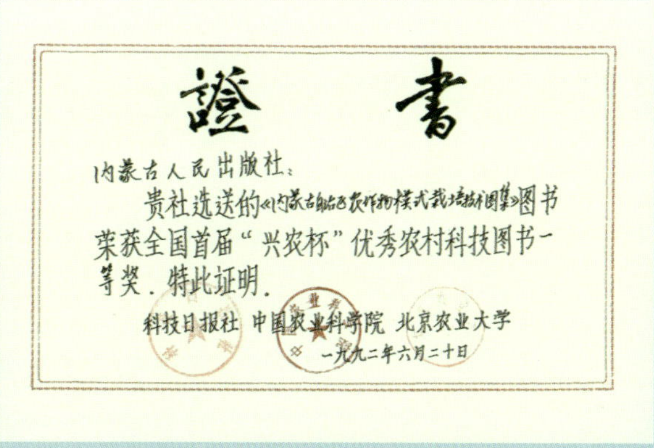
證書

内蒙古人民出版社：

贵社选送的《内蒙古自治区农作物模式栽培技术图集》图书荣获全国首届“兴农杯”优秀农村科技图书一等奖。特此证明。

科技日报社 中国农业科学院 北京农业大学
一九九二年六月二十日

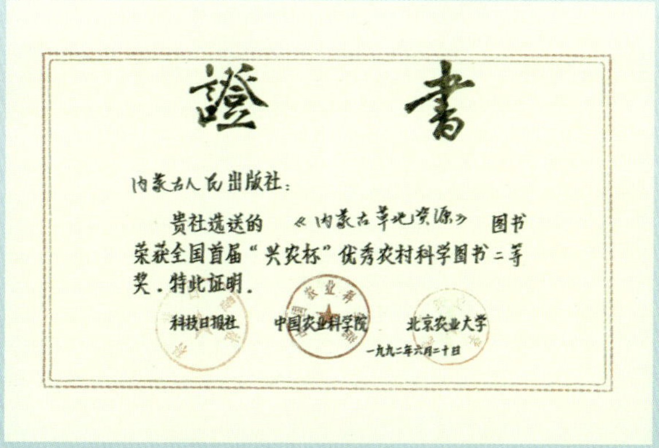
證書

内蒙古人民出版社：

贵社选送的《内蒙古草地资源》图书荣获全国首届“兴农杯”优秀农村科学图书二等奖。特此证明。

科技日报社 中国农业科学院 北京农业大学
一九九二年六月二十日

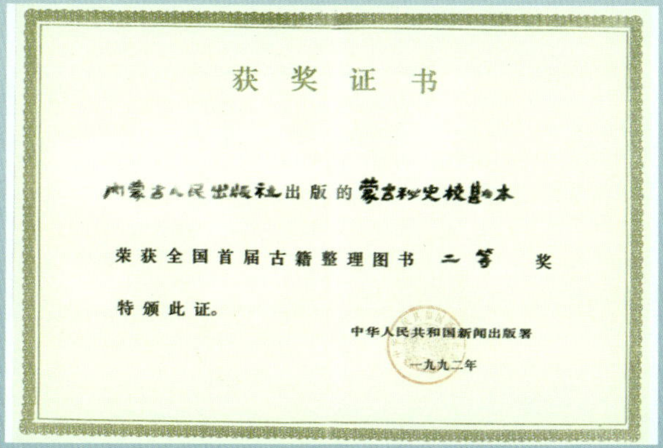
获奖证书

内蒙古人民出版社出版的蒙古秘史校勘本

荣获全国首届古籍整理图书 二等 奖

特颁此证。

中华人民共和国新闻出版署
一九九二年

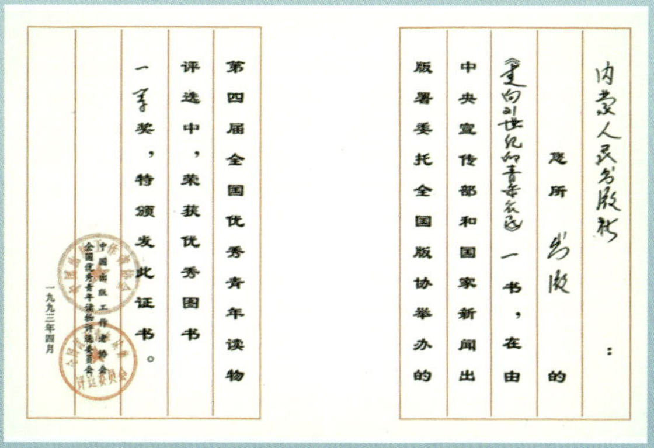
内蒙古人民出版社：

您所出版的《走向21世纪的青年农民》一书，在由中央宣传部和国家新闻出版署委托全国版协举办的第四届全国优秀青年读物评选中，荣获优秀图书一等奖，特颁发此证书。

一九九三年四月

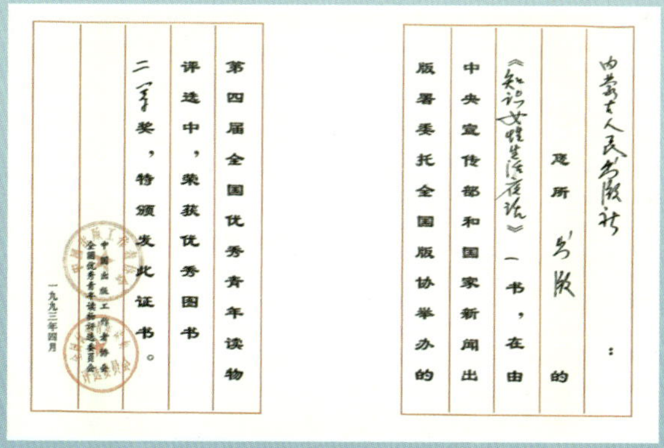
内蒙古人民出版社：

您所出版的《知识女性生活夜话》一书，在由中央宣传部和国家新闻出版署委托全国版协举办的第四届全国优秀青年读物评选中，荣获优秀图书二等奖，特颁发此证书。

一九九三年四月

证书

内蒙古人民出版社：
由陈锋安、常青、萨日娜责编的《党的建设丛书》被评为纪念毛泽东诞辰100周年全国党风与用人理论研讨会优秀科研成果奖，特发此证。

中国历史唯物主义学会党风科学专业委员会
全国党风与用人科学研究优秀成果评委会
1993.10.22

證書

内蒙古人民出版社：
贵社《猜谜》、《讲故事》、《学知识》在第二届优秀幼儿读物评选活动中被评为优秀作品。
特此证明。

国家教育委员会
一九九四年九月十日

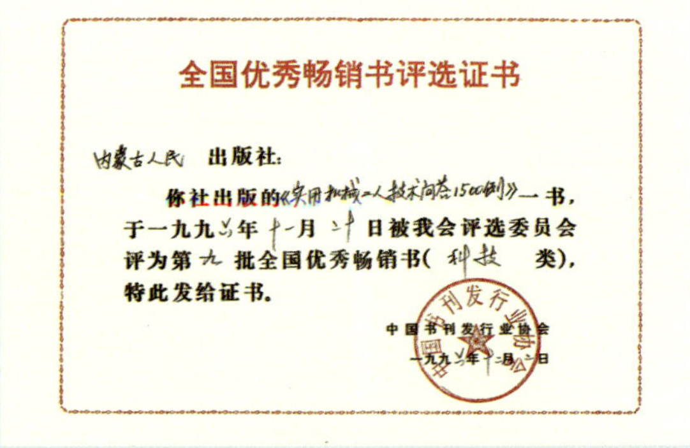
全国优秀畅销书评选证书

内蒙古人民 出版社：
你社出版的《实用机械工人技术问答1500例》一书，于一九九五年十一月二十日被我会评选委员会评为第九批全国优秀畅销书（科技 类），特此发给证书。

中国书刊发行业协会
一九九五年十二月二日

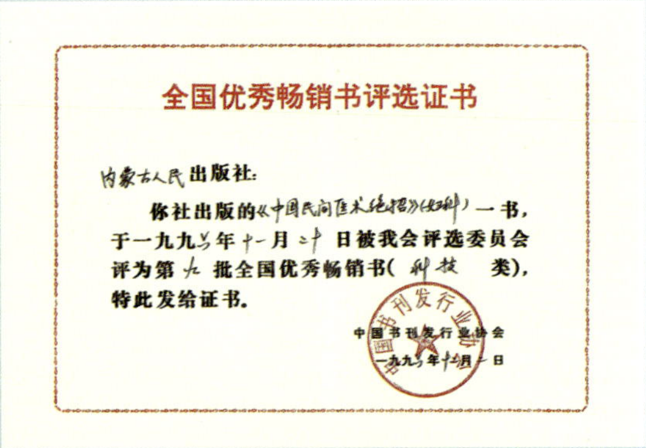
全国优秀畅销书评选证书

内蒙古人民 出版社：
你社出版的《中国民间医术绝招》（妇科）一书，于一九九五年十一月二十日被我会评选委员会评为第九批全国优秀畅销书（科技 类），特此发给证书。

中国书刊发行业协会
一九九五年十二月一日

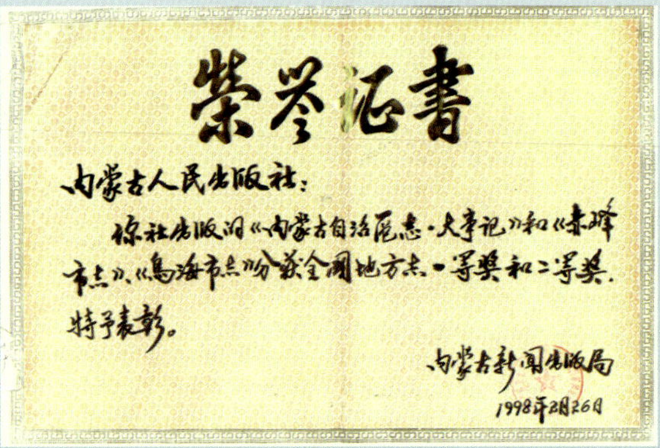
榮譽證書

内蒙古人民出版社：
你社出版的《内蒙古自治区志·大事记》和《赤峰市志》、《乌海市志》分获全国地方志一等奖和二等奖，特予表彰。

内蒙古新闻出版局
1998年2月26日

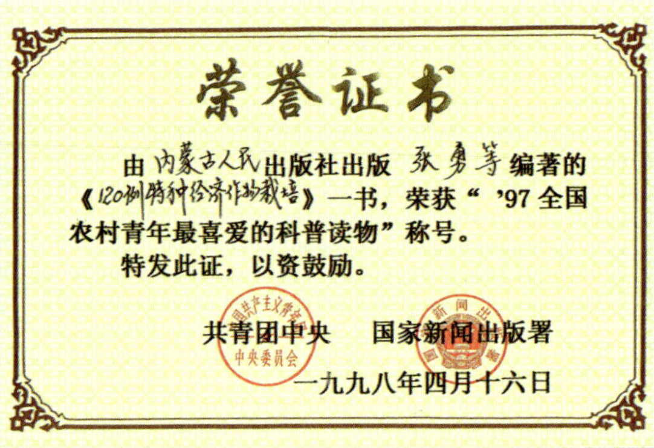
荣誉证书

由内蒙古人民出版社出版 张勇等编著的《120例特种经济作物栽培》一书，荣获“’97全国农村青年最喜爱的科普读物”称号。
特发此证，以资鼓励。

共青团中央 国家新闻出版署
一九九八年四月十六日

获·奖·证·书

内蒙古人民出版社：
你社《 成吉思汗 》
荣获第四届全国优秀少儿图书奖 三 等奖。
特颁此证

中华人民共和国新闻出版署 中国儿童少年基金会
一九九九年十二月

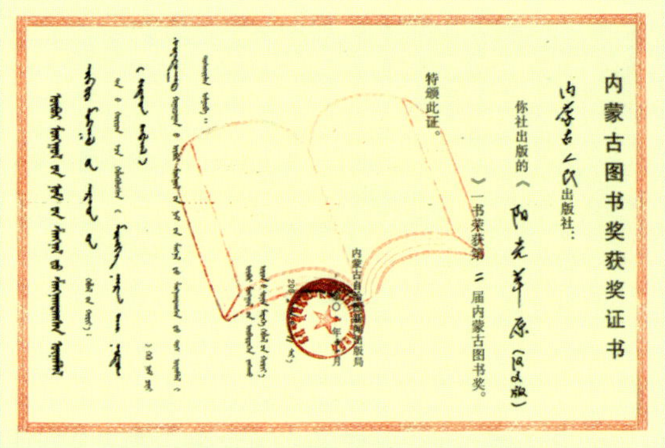
内蒙古图书奖获奖证书

内蒙古人民出版社：
你社出版的《阳光草原（汉文版）》一书荣获第二届内蒙古图书奖。
特颁此证。

内蒙古自治区新闻出版局
二〇〇 年 月

证 书

内蒙古人民出版社：
经“服务‘三农’全国农村图书大联展”组委会审定，你社《蔬菜育苗高新技术》一书，被评为“2002年农村读者欢迎的图书”。
特颁发此证书。

中华人民共和国新闻出版总署办公厅
二〇〇二年八月

《大兴安岭动物奇趣》
荣获精神文明建设『五个一
工程』第八届入选作品奖。

内蒙古党委宣传部
二〇〇三年十二月

《公民道德规范读本》
荣获精神文明建设『五个一
工程』第八届入选作品奖。

内蒙古党委宣传部
二〇〇三年十二月

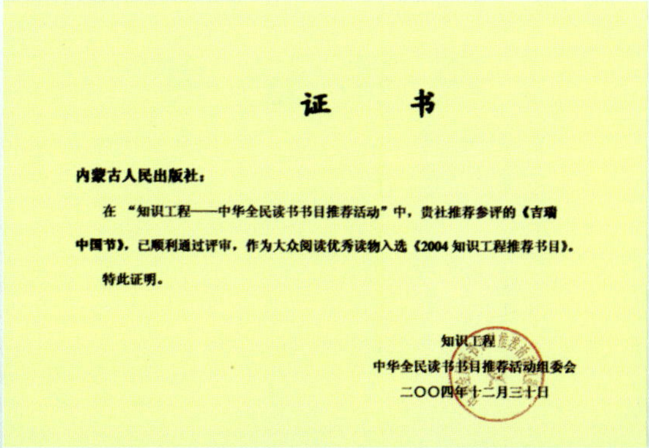

证　书

内蒙古人民出版社：

在“知识工程——中华全民读书书目推荐活动”中，贵社推荐参评的《吉瑞中国节》，已顺利通过评审，作为大众阅读优秀读物入选《2004知识工程推荐书目》。

特此证明。

知识工程
中华全民读书书目推荐活动组委会
二〇〇四年十二月三十日

《蒙古族大辞典》
荣获精神文明建设『五个一
工程』第九届入选作品奖。

内蒙古党委宣传部
二〇〇六年五月

《巴·布林贝赫文存》
荣获精神文明建设『五个一
工程』第九届入选作品奖。

内蒙古党委宣传部
二〇〇六年五月

《中国二人台艺术通典》
荣获精神文明建设『五个一
工程』第九届入选作品奖。

内蒙古党委宣传部
二〇〇六年五月

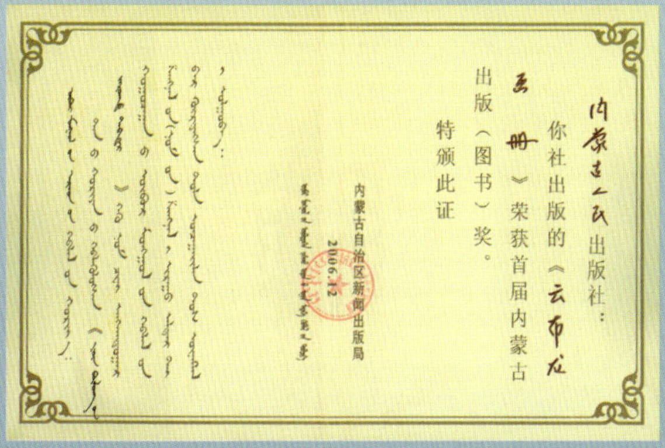

内蒙古人民出版社：
你社出版的《云中龙画册》荣获首届内蒙古出版（图书）奖。
特颁此证

内蒙古自治区新闻出版局
2006.12

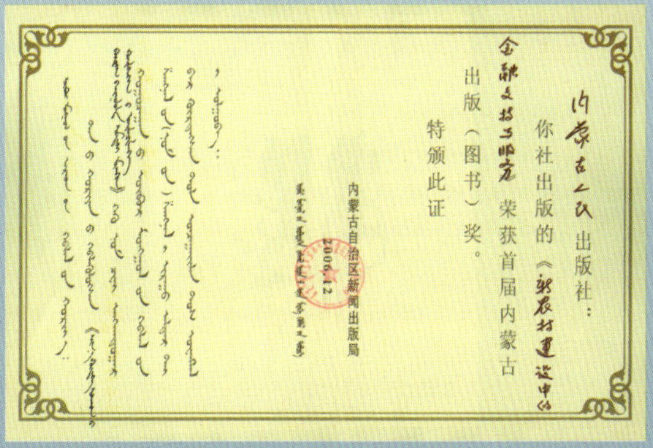

内蒙古人民出版社：
你社出版的《新农村建设中的金融支持与服务》荣获首届内蒙古出版（图书）奖。
特颁此证

内蒙古自治区新闻出版局
2006.12

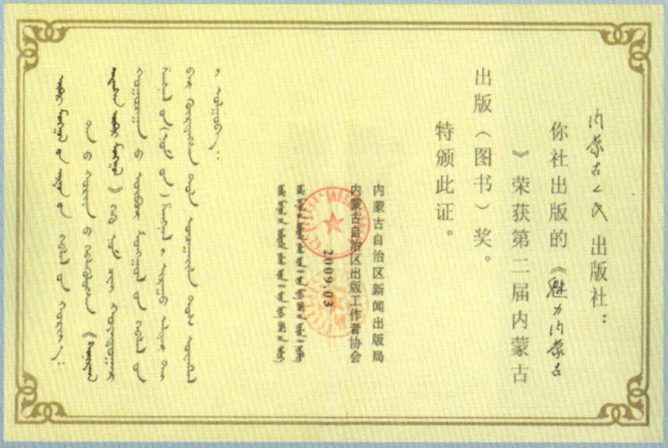

内蒙古人民出版社：
你社出版的《魅力内蒙古》荣获第二届内蒙古出版（图书）奖。
特颁此证。

内蒙古自治区新闻出版局
内蒙古自治区出版工作者协会
2009.03

获奖证书

图书《蒙古族科学技术史——导论、数学、天文历法》荣获全区第十届精神文明建设「五个一工程」优秀作品奖。

特发此证

中共内蒙古自治区委员会宣传部
二〇〇九年十二月

荣誉证书

内蒙古人民出版社：

你社出版的《蒙古秘史》一书入选首届向全国推荐百种优秀民族图书。特颁此证。

中华人民共和国新闻出版总署
中华人民共和国国家民族事务委员会
二〇一一年九月

获奖证书

图书《锡尼喇嘛》作者：阿云嘎荣获全区第十一届精神文明建设『五个一工程』优秀作品奖。

特发此证

中共内蒙古自治区委员会宣传部
二〇一二年六月

获奖证书

图书《蒙医方剂全书》作者：苏雅拉图、旭东荣获全区第十一届精神文明建设「五个一工程」优秀作品奖。

特发此证

中共内蒙古自治区委员会宣传部
二〇一二年六月

获奖证书

图书《马头琴考试教程》作者：齐·宝力高荣获全区第十一届精神文明建设「五个一工程」入选作品奖。

特发此证

中共内蒙古自治区委员会宣传部
二〇一二年六月

获奖证书

图书《新牧区建设带头人——根平》作者：宝力格荣获全区第十一届精神文明建设「五个一工程」入选作品奖。

特发此证

中共内蒙古自治区委员会宣传部
二〇一二年六月

荣誉证书

内蒙古人民出版社：

你社出版的《蒙古族风俗志丛书》入选第二届向全国推荐百种优秀民族图书。

特颁此证，以兹鼓励。

中华人民共和国国家新闻出版广电总局
中华人民共和国国家民族事务委员会
二〇一三年十二月

荣誉证书

内蒙古人民出版社：

你社出版的《蒙古族说书艺人口述史》入选第二届向全国推荐百种优秀民族图书。

特颁此证，以兹鼓励。

中华人民共和国国家新闻出版广电总局
中华人民共和国国家民族事务委员会
二〇一三年十二月

获奖证书

蒙文图书《满巴扎仓》作者阿云嘎荣获全区第十二届精神文明建设『五个一工程』优秀作品奖。

特发此证

中共内蒙古自治区委员会宣传部
二〇一四年六月

获奖证书
汉文图书《内蒙古热点问题透视》（作者 内蒙古党委宣传部）荣获
全区第十二届精神文明建设
『五个一工程』优秀作品奖。
特发此证
中共内蒙古自治区委员会宣传部
二〇一四年六月

获奖证书
汉文图书
荣获
全区第十二届精神文明建设
『五个一工程』优秀作品奖。
特发此证
中共内蒙古自治区委员会宣传部
二〇一四年六月

荣誉证书
内蒙古人民出版社：
你社出版的《细说蒙古包》入选第三届向全国推荐百种优秀民族图书。
特颁此证，以兹鼓励。
国家新闻出版广电总局　国家民族事务委员会
二〇一五年十二月

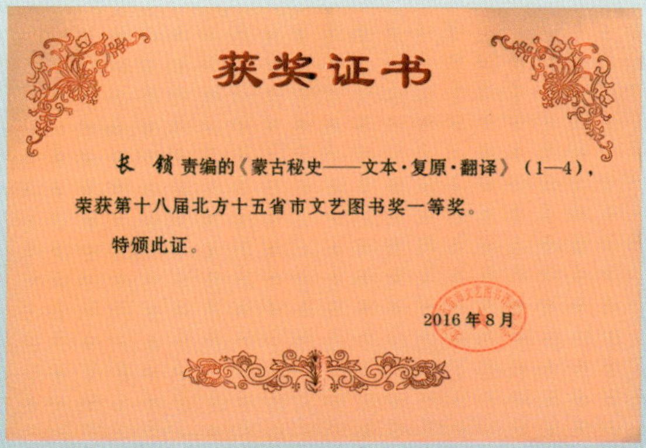
获奖证书
长 领 责编的《蒙古秘史——文本·复原·翻译》（1—4），荣获第十八届北方十五省市文艺图书奖一等奖。
特颁此证。
2016年8月

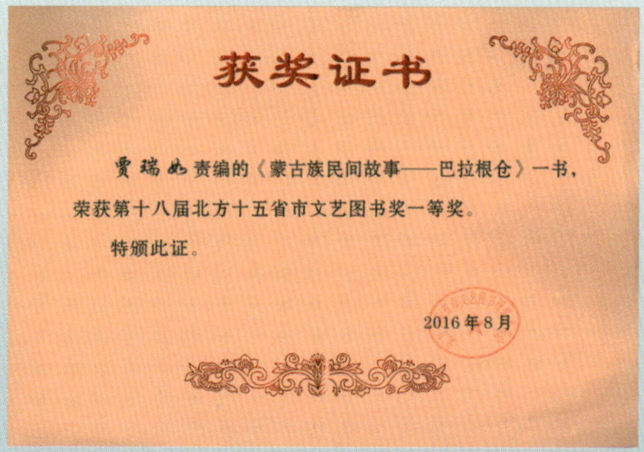
获奖证书
贾瑞光 责编的《蒙古族民间故事——巴拉根仓》一书，荣获第十八届北方十五省市文艺图书奖一等奖。
特颁此证。
2016年8月

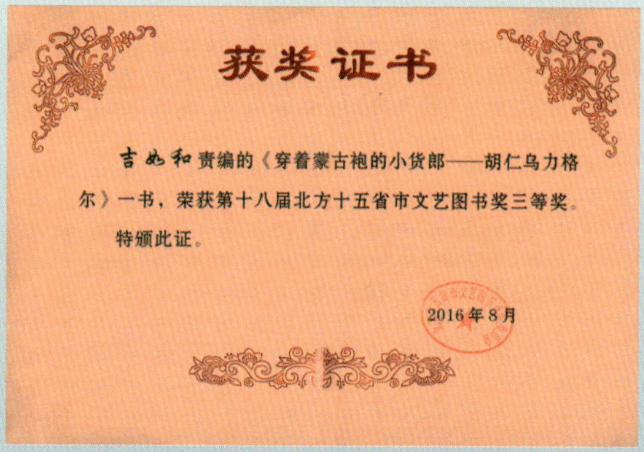
获奖证书
吉如和 责编的《穿着蒙古袍的小货郎——胡仁乌力格尔》一书，荣获第十八届北方十五省市文艺图书奖三等奖。
特颁此证。
2016年8月

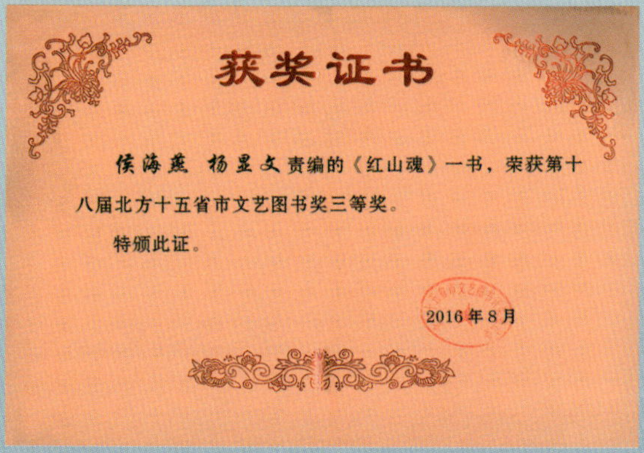
获奖证书
侯海燕　杨里文 责编的《红山魂》一书，荣获第十八届北方十五省市文艺图书奖三等奖。
特颁此证。
2016年8月

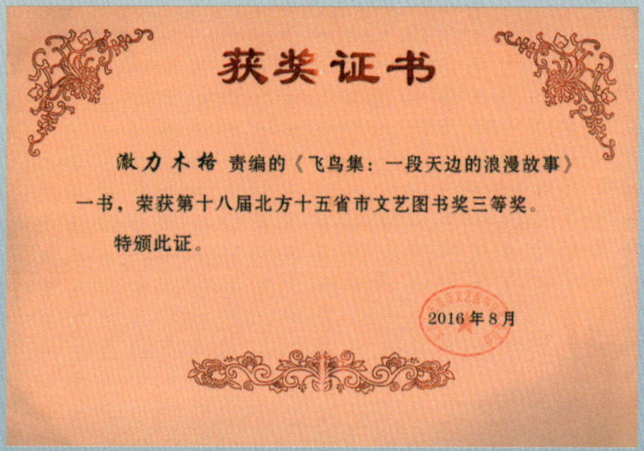
获奖证书
澈力木格 责编的《飞鸟集：一段天边的浪漫故事》一书，荣获第十八届北方十五省市文艺图书奖三等奖。
特颁此证。
2016年8月

荣誉证书
汉文图书《马克思家谱》
作者：内蒙轩主编
出版单位：内蒙古人民出版社
东方出版社
荣获
内蒙古自治区第十三届精神文明建设『五个一工程』优秀作品奖。
特发此证
中共内蒙古自治区委员会宣传部
二〇一七年九月
2017

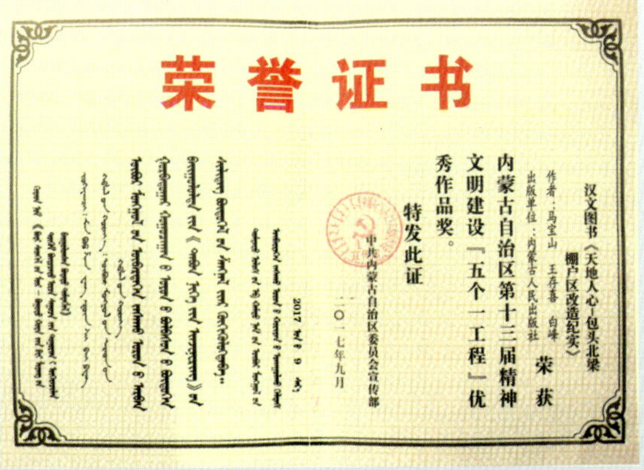

荣誉证书

汉文图书《天地人心—包头北梁棚户区改造纪实》
作者：马宝山 王存喜 白峰
出版单位：内蒙古人民出版社
荣获内蒙古自治区第十三届精神文明建设『五个一工程』优秀作品奖。

特发此证

中共内蒙古自治区委员会宣传部
二〇一七年九月

荣誉证书

内蒙古出版集团
你单位报送的汉文图书
《中国少数民族儿童文学》荣获内蒙古自治区第十四届精神文明建设『五个一工程』优秀作品奖。

特此表彰

中共内蒙古自治区委员会宣传部
二〇一九年九月

荣誉证书

内蒙古出版集团
你单位报送的蒙文图书
《蒙古族民间儿童故事大全》（40册）荣获内蒙古自治区第十四届精神文明建设『五个一工程』优秀作品奖。

特此表彰

中共内蒙古自治区委员会宣传部
二〇一九年九月

荣誉证书
HONORARY CREDENTIAL

白阳 同志：

您责编的《戈壁石器与岩画——苏尼特史前文化》，荣获第二十九届北方十五省、市、自治区哲学社会科学优秀图书奖。

北方十五省、市、自治区
哲学社会科学优秀图书评选委员会
二〇一九年九月 长春

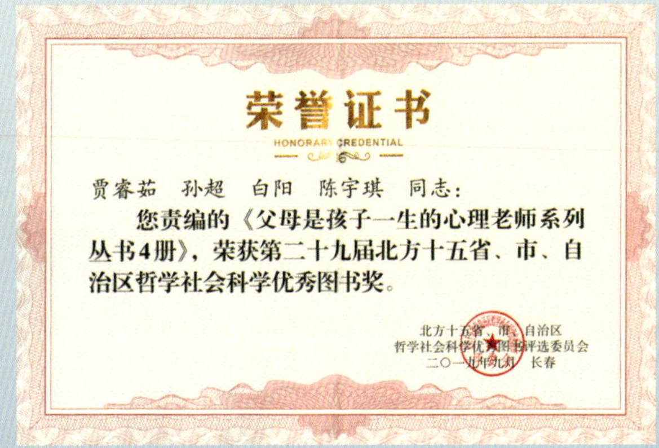

荣誉证书
HONORARY CREDENTIAL

贾睿茹 孙超 白阳 陈宇琪 同志：

您责编的《父母是孩子一生的心理老师系列丛书4册》，荣获第二十九届北方十五省、市、自治区哲学社会科学优秀图书奖。

北方十五省、市、自治区
哲学社会科学优秀图书评选委员会
二〇一九年九月 长春

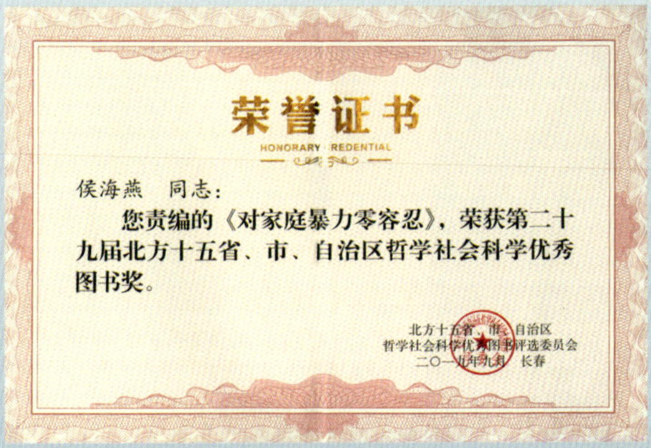

荣誉证书
HONORARY CREDENTIAL

侯海燕 同志：

您责编的《对家庭暴力零容忍》，荣获第二十九届北方十五省、市、自治区哲学社会科学优秀图书奖。

北方十五省、市、自治区
哲学社会科学优秀图书评选委员会
二〇一九年九月 长春

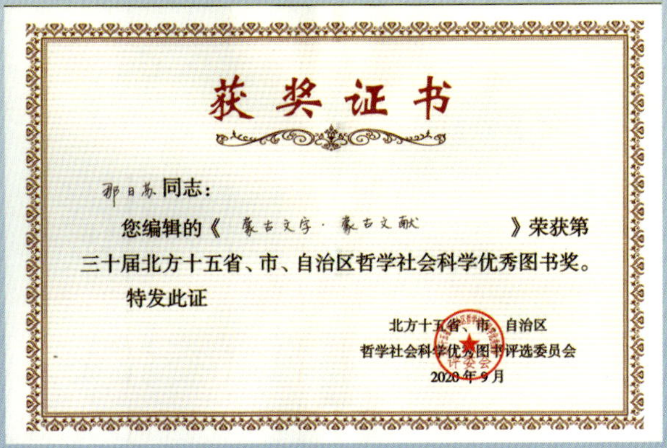

获奖证书

那日苏 同志：

您编辑的《蒙古文学·蒙古文献》荣获第三十届北方十五省、市、自治区哲学社会科学优秀图书奖。

特发此证

北方十五省、市、自治区
哲学社会科学优秀图书评选委员会
2020年9月

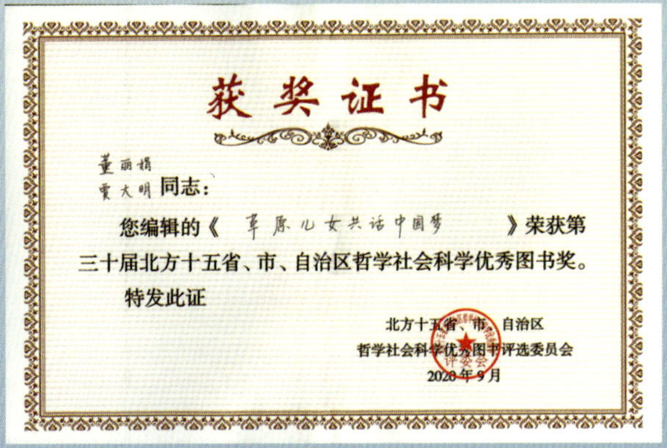

获奖证书

董丽娟
贾大明 同志：

您编辑的《草原儿女共话中国梦》荣获第三十届北方十五省、市、自治区哲学社会科学优秀图书奖。

特发此证

北方十五省、市、自治区
哲学社会科学优秀图书评选委员会
2020年9月

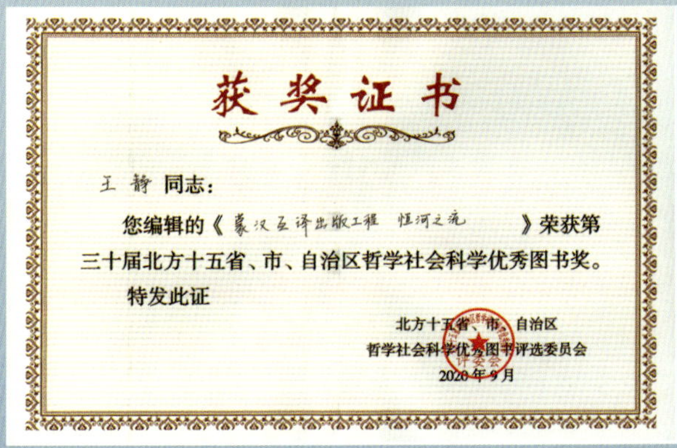

获奖证书

王静 同志：

您编辑的《蒙汉互译出版工程 恒河之沙》荣获第三十届北方十五省、市、自治区哲学社会科学优秀图书奖。

特发此证

北方十五省、市、自治区
哲学社会科学优秀图书评选委员会
2020年9月

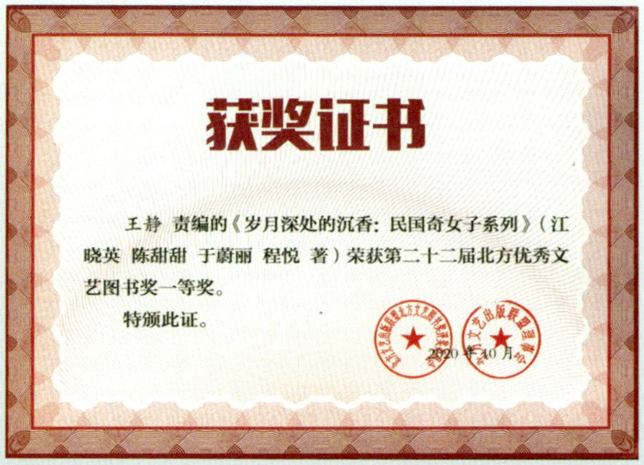
获奖证书

王静 责编的《岁月深处的沉香：民国奇女子系列》（江晓英 陈甜甜 于蔚丽 程悦 著）荣获第二十二届北方优秀文艺图书奖一等奖。

特颁此证。

2020年10月

获奖证书

蔺小英 责编的《云朵屋》（布木布泰 著）荣获第二十二届北方优秀文艺图书奖二等奖。

特颁此证。

2020年10月

获奖证书

董丽娟 责编的《校园琐记》（宋永贵 著）荣获第二十二届北方优秀文艺图书奖二等奖。

特颁此证。

2020年10月

荣誉证书

李鑫、蔺小英、罗婧 责编的《红色文艺轻骑兵——乌兰牧骑纪事》（阿勒得尔图 著）荣获第二十三届北方优秀文艺图书奖一等奖。

特颁此证。

2021年6月

荣誉证书

阿吉日木图 责编的《神笔下的蒙古马》（[蒙]纳·苏和道尔吉 编；和平 转写）荣获第二十三届北方优秀文艺图书奖二等奖。

特颁此证。

2021年6月

荣誉证书

乌日古木拉、秀霞 责编的《外国长篇译丛——少年》（[俄罗斯]费·米·陀思妥耶夫斯基 著；[蒙]策·官布苏荣 译；和平 转写）荣获第二十三届北方优秀文艺图书奖二等奖。

特颁此证。

2021年6月

荣誉证书

青格乐吐 责编的《蒙古族青年作家文学作品集萃·遥远的小木桥》（额·乌仁 著）荣获第二十三届北方优秀文艺图书奖二等奖。

特颁此证。

2021年6月

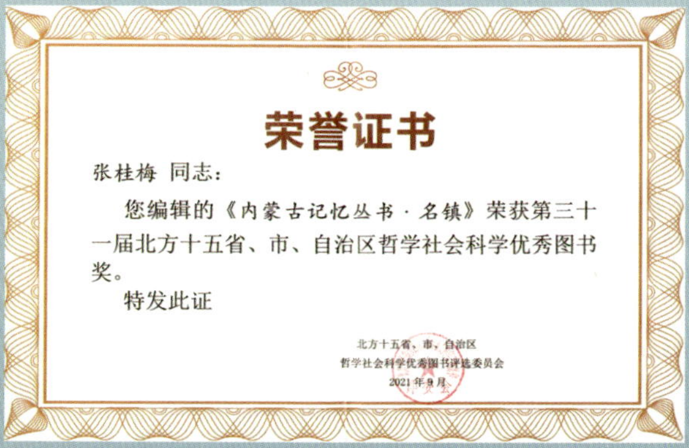
荣誉证书

张桂梅 同志：

您编辑的《内蒙古记忆丛书·名镇》荣获第三十一届北方十五省、市、自治区哲学社会科学优秀图书奖。

特发此证

北方十五省、市、自治区
哲学社会科学优秀图书评选委员会
2021年9月

荣誉证书

娜日苏 同志：

您编辑的《成吉思汗研究大系》荣获第三十一届北方十五省、市、自治区哲学社会科学优秀图书奖。

特发此证

北方十五省、市、自治区
哲学社会科学优秀图书评选委员会
2021年9月

荣誉证书

包吉如和 同志：

您编辑的《乳食品加工与饮用》荣获第三十一届北方十五省、市、自治区哲学社会科学优秀图书奖。

特发此证

北方十五省、市、自治区
哲学社会科学优秀图书评选委员会
2021年9月

后记

2021年，我们迎来了中国共产党百年华诞，这一年，也是内蒙古人民出版社成立70周年。从1951年到2021年，内蒙古人民出版社以开放、诚信、包容、进取的精神，扎实工作、锐意创新、勇于担当、辛勤耕耘，在实践中不断发展壮大，逐步形成自己的出版特色。

值此内蒙古人民出版社成立70周年之际，我们编撰了庆祝内蒙古人民出版社成立70周年纪念画册《七秩风华》，选取具有代表性的图片资料记录内蒙古人民出版社70年不平凡的奋斗历程。回首过去，我们百感交集、充满自豪；展望未来，我们任重道远、信心满怀。

为了编撰好这部画册，在编撰前，我们专门发出通知，广泛征集资料图片，希望尽可能地反映内蒙古人民出版社历史发展的全貌。画册编撰坚持详今略古、详近略远的原则，着力反映重点出版工作、重要出版物、重要主题宣传活动及有积极影响的重大事件等。

在画册编撰过程中，我们得到了全社各部门和全体职工的大力支持和帮助，在此一并表示衷心的感谢！由于时间有限、水平有限，画册难免有疏漏和不足之处，还望社内职工和广大读者批评指正。

《七秩风华》画册编委会

2021年12月

内蒙古人民出版社成立70周年纪念画册
《七秩风华》编委会及编辑人员名单

主　　任：吉日木图

副 主 任：陈利保　贵　荣　武连生

成　　员：学　明　宝日格勒　石金莲　朱莽烈　哈斯毕力格　陈　晨　包斯日古楞　罗　婧　翟子毅　陈宇琪　于汇洋　南　丁（女）　刘那日苏　海日瀚　宝音图

主　　编：吉日木图

执行主编：陈利保　武连生

编撰人员：陈利保　武连生　陈宇琪　于汇洋　王晓俊　李月琪　贾睿茹　李　鑫

蒙古文翻译：哈斯毕力格

英 文 翻 译：李月琪

摄影、修图：翟子毅　宝音图　陈宇琪　吉　雅　安立新

图片提供：苏尔塔拉图　巴图仓　刘　杰　布仁巴雅尔　王东生　鹏　飞　张国栋　官布扎布　图门乌力吉　郭　刚　占布拉　李可达　刘志刚　托　娅　德力格尔　斯冷敖日布　李庆通　张　涛　王占英　段秋艳　叶国斌　陈利保　武连生　学　明　宝日格勒　翟如恒　赵连敏　安建华　石金莲　徐敬东　翟子毅　陈　晨　罗　婧　哈斯图娅　乌　恩　安宏刚　岱　沁　南　丁　茂　尼　李向东　晓　峰　包玉山　义德日夫　南　丁（女）　高　彬　包铁柱　宝勒道　高牧仁　包龙山　额尔木图　青格乐吐　石文慧　敖香兰　郝　津　云振宇　娜　仁　格日图　杨立波　王家俊　包吉如和　王淑琴　那日苏　王　静　张桂梅　杨　柳　娜日苏　刘那日苏　王　瑶　郝　乐　色仍淖尔布　罗芳林　邬春霞　包敖民　郑　华　那仁陶格苏　李　鑫　特日格勒　钢　花　李　琳　卢　炀　薛兆原　张　卓　陈宇琪　巴亚尔图　宝音图　王亚旗　石　煜　呼格吉乐图　白敖日格勒

（因个别资料作者不详，部分图片未署名）

图书在版编目（CIP）数据

七秩风华 / 编委会编. — 呼和浩特：内蒙古人民出版社，2023.1
ISBN 978-7-204-17531-4

Ⅰ. ①七… Ⅱ. ①编… Ⅲ. ①出版社—概况—内蒙古—图集 Ⅳ. ①G239.22-64

中国国家版本馆CIP数据核字（2023）第018087号

七秩风华

QIZHI FENGHUA

编　　者 编委会
责任编辑 陈利保　陈宇琪
封面设计 安立新　吉　雅
书名题字 王迺欣　那日苏
出版发行 内蒙古人民出版社
地　　址 呼和浩特市新城区中山东路8号波士名人国际B座5层
网　　址 http://www.impph.cn
印　　刷 内蒙古金艺佳印刷包装有限公司
开　　本 889mm×1194mm　1/12
印　　张 18
字　　数 175千
版　　次 2023年1月第1版
印　　次 2023年1月第1次印刷
书　　号 ISBN 978-7-204-17531-4
定　　价 160.00元